JOSEF
BRUCKMOSER

VON
ENGELN,
HELDEN
UND MENSCHEN

*Bibelgeschichten
quergeschrieben*

Tyrolia-Verlag · Innsbruck-Wien

Mitglied der Verlagsgruppe „engagement"

2018
© Verlagsanstalt Tyrolia, Innsbruck
Umschlaggestaltung: stadthaus 38, Innsbruck
Layout und digitale Gestaltung: Tyrolia-Verlag
Druck und Bindung: FINDR, Tschechien
ISBN: 978-3-7022-3719-6
E-Mail: buchverlag@tyrolia.at
Internet: www.tyrolia-verlag.at

Für Rosa Maria

INHALT

VORWORT

Die Bibel ist voll von faszinierenden Gestalten und Persönlichkeiten. Sie sind uns aber meist sehr entrückt. Die einen, weil wir sie auf ein Podest erhoben haben, auf dem sie uns als Mitmenschen und Vorbilder nicht mehr erreichbar scheinen. Die anderen, weil wir sie in eine Schublade gesteckt haben, aus der sie nicht mehr herauskommen.

Maria ist nicht nur die „Gottesmutter". Sie ist auch die junge Frau, die ungewollt schwanger wird, und die Mutter, die ihren Sohn zum ersten Mal verliert, als er zwölf ist. Eva ist völlig unschuldig in die Rolle der „Verführerin" geraten. Judas würde sich zu Recht dagegen wehren, dass sein Name gleichbedeutend ist mit dem „Verräter". Wenn Judit dem Feind den Kopf abschlägt, ist sie nur dem äußeren Schein nach die strahlende Gotteskriegerin. Die Art und Weise, wie Maria Magdalena ihren Meister geliebt hat, mag anregend für die laszive Fantasie von Romanschreibern sein, es ist aber weit darüber hinaus die faszinierende Geschichte einer vielschichtigen und feinfühligen Begegnung von Mann und Frau.

Dieses Buch geht in freier Assoziation mit den beschriebenen Engeln, Helden und Menschen der Bibel um. Es will auf Augenhöhe mit ihnen kommen und damit ihre Qualitäten in neuer Weise für unser eigenes Leben fruchtbar machen. Die Interpretationen erheben keinerlei Anspruch auf exakte exegetische oder bibeltheologische Korrektheit. Es wurde lediglich versucht, in Rufweite der wissenschaftlichen Erkenntnisse zu bleiben und augenscheinliche Widersprüche dazu zu vermeiden.

Im besten Fall werden Leserinnen und Leser angeregt, einen neuen Blick auf biblische Gestalten zu werfen und einen lebendigen Zugang zu ihnen zu finden. Von Mensch zu Mensch. Oder gar zum ganz persönlichen Schutzengel.

ENGEL

MARIA ERSCHRICKT

Gabriels schwierigste Mission

Über die Verheißung der Geburt Jesu heißt es im Lukasevangelium, dass der Engel Gabriel zu Maria gesandt wurde und ihr gesagt habe, dass sie einen Sohn gebären werde. Die junge Frau erschrak und fragte, wie das geschehen solle, da sie nicht verheiratet sei. Der Engel erwiderte, dass der Heilige Geist über sie kommen werde. Daher werde ihr Kind Sohn Gottes genannt werden. (Lk 1,26–38)

Mit einem Engel ist es wie mit der Liebe. Er kommt aus heiterem Himmel über den Menschen und bringt das Unerhörte und Grenzenlose in diese genormte und versicherte Welt. So hat es auch Maria erlebt, die junge Frau aus Nazaret, von der es im Lukasevangelium heißt: Sie aber erschrak. Da stand plötzlich eine Gestalt vor ihr, die man durchaus für einen jungen Mann halten konnte. Und das mitten in ihrem – sagen wir es einmal so – jungfräulichen Zimmer. Die Situation war bedrängend. „Hilfe, wie geschieht mir?!", dachte Maria. Der Engel trachtete offenbar mit aller Vorsicht, diese Distanz zu überwinden. Aber die junge Frau konnte seine Annäherungsversuche nur als Zumutung empfinden, eine unerwartete Nähe, die man unter normalen Umständen als aufdringlich hätte bezeichnen müssen.

Kein Wunder, dass diese biblische Szene, wie der Engel Gabriel Maria seine Botschaft nahegebracht hat, über die Jahrhunderte die Fantasie und Schaffenskraft der Künstler angeregt hat. Die frühesten Darstellungen dieser sogenannten Verkündigung sollte es schon in der Katakombenmalerei geben. Da sitzt sie, die junge Frau, auf einem Sessel und vor ihr steht ein Engel, als Jüngling dargestellt. Dieses Grundmuster des Himmelsboten in menschlicher Gestalt, der meist von links ins Bild tritt, hat sich erhalten. Allerdings sollten die Künstler ab dem elften Jahrhundert mehr Emotion in diese unerwartete Begegnung hineinlegen. Da war Maria dem Engel mehr zugewandt und teils – wie es auch Lukas in seinem Evangelium schildert – in ein intensives Zwiegespräch mit ihm verwickelt. Die Gesten der Hände und die Blicke der Augen wurden sprechend und vieldeutig.

Besonders reich an menschlichen Empfindungen, die Maria angesichts dieses Fremdlings überwältigt haben, sind einige Darstellungen der Verkündigung in den Uffizien in Florenz, der berühmtesten und bedeutendsten Kunstsammlung Italiens. Die

Gemälde von Sandro Botticelli, Lorenzo di Credi und Alessio Baldovinetti geben ein beredtes Zeugnis von der Dringlichkeit der Begegnung. Gemeinsam ist diesen Werken die ungeheure Spannung, die im Dialog des jünglingshaften Engels mit Maria liegt. „Diese italienischen Künstler des 15. Jahrhunderts haben tatsächlich am besten getroffen, wie mir bei der ganzen Sache zumute war", dachte Maria. Aus ihrer Sicht widersprach es den Tatsachen und brachte auch nicht viel, wenn man diese Szene mit allerlei Beiwerk ausschmückte, wie es sich zur selben Zeit auf Darstellungen im Kölner Dom oder den Altarflügeln von Sterzing in Südtirol fand: Da schwebt eine Taube als Zeichen des Heiligen Geistes auf Maria nieder und der Engel hält ein Spruchband. „So war es nicht", würde Maria diesen Künstlern am liebsten sagen. „Eine Taube? Nein. Ein Spruchband? Nein. Das alles ist eure Deutung, um nicht zu sagen, eure theologische Überhöhung dieses Geschehens. Ich habe nur gesehen, dass da jemand war, der etwas von mir wollte. Etwas, das ganz und gar nicht in meine Lebensverhältnisse passte. Zu meiner Verlobung mit Josef, dem Zimmermann. Und zu meinem Plan, ihn demnächst zu heiraten. Als meinen ersten und einzigen Mann."

Maria war sich sicher, dass es – wenn überhaupt – nur einen einzigen „vernünftigen" Zugang zu dem gab, was ihr zwischen Himmel und Erde widerfahren ist: die Liebe als eine Himmelsmacht zu sehen. Sie und der Engel, das waren zwei Gestalten, die aus völlig verschiedenen Sphären kamen. Es gab keine Verbindung und schon gar keine Verständigung zwischen ihnen, es sei denn die Sprache der Liebe. Dieser Himmelsbote war und blieb ihr fremd, und seine Botschaft erst recht. Er konnte noch so viel erklären, sich noch so sehr auf einen höheren Auftrag berufen, noch so viele „Beweise" vorlegen wie zum Beispiel diese Geschichte mit ihrer Base Elisabeth, die noch im hohen, längst unfruchtbaren Alter einen Sohn bekommen sollte. Am Ende blieb dieser Himmelsbote fremd. Beängstigend fremd.

Sie kannte das aus ihrer Beziehung zu Josef. Ja, sie liebte diesen Zimmermann, sie fühlte sich angezogen von dieser urtümlichen Kraft, die mit seinem Tischlerhandwerk verbunden schien. Sie fühlte sich geborgen von seiner – man musste das auch vom Altersunterschied her so sagen – beinahe väterlichen Güte. Ja, mit diesem Mann wollte sie Kinder haben. Sie würden unter seiner fürsorglichen Art gut heranwachsen. Und was Josef ihnen nicht an jugendlicher Spontaneität, an Leichtigkeit des Seins schenken konnte, das würden sie von ihr bekommen. Sie war blutjung und unbekümmert genug, dass sie ihre Kinder nicht ständig wie eine Gluckhenne oder Helikoptermama vor jedem Abenteuer und jeder damit drohenden Gefahr bewahren wollte. Aufpassen ja, aber sie ständig hätscheln, damit sich nur ja keines einen Finger staucht oder von der Bank auf den Boden fällt, das hätte zu ihrer ganzen Lebensart im Tischlereihaushalt nicht gepasst. Wo gehobelt wird, fallen Späne. Diese Erfahrung sollten, ja mussten ihre Kinder machen. Sie durften und mussten sich selbst ihren Lebensraum erobern. Behütet vor dem ganz großen Risiko. Aber immer in der Freiheit, auch einmal auf die Nase zu fallen, mit einem blutenden Knie nach Hause zu kommen und dadurch selbst die notwendige Sicherheit im Leben zu gewinnen.

Klar wollte sie Josef auch einen Sohn schenken, der ihm in der Werkstatt zur Hand gehen sollte. Vielleicht würde er eines Tages sogar ganz in die Fußstapfen seines Vaters treten. Aber bitte doch nicht jetzt, wo sie erst verlobt waren, und bitte nicht so! Nicht durch den Geist Gottes und die Macht des Allerhöchsten, wie der Engel sich ausdrückte, sondern ganz natürlich. Das würde sehr schön werden mit ihrem Josef, das wusste sie. Er konnte so wundervoll feinfühlig sein und gleichzeitig spürte man in jeder Faser seines Körpers diese männliche Kraft. Manchmal überkam sie schon eine richtige Lust darauf. Mitten am helllichten Tag, wenn sie ihn besuchte und ihm ein wenig verstohlen in der Werkstatt über die Schultern sah. Es war ein Begehren, das tief aus dem Herzen kam und ihren ganzen

Körper durchströmte. Wohlig und prickelnd. Ein paar Mal hatte sie schon gewagt, ihrem Josef diese überschäumenden Gefühle durch einen tiefen Blick in seine Augen anzudeuten. Aber sie nahm sich dann sofort wieder zurück. Sie wusste, dass ihm das nicht Recht wäre, wenn es jetzt „passieren" würde. Vor ihrer Hochzeit.

Aber da war plötzlich dieser Engel, dessen Botschaft sich wie ein schweres Gewitter über ihrem Kopf zusammenbraute. Bei aller Liebe, aber das würde Josef ihr nie glauben können! Da konnte sich der Engel noch so behutsam annähern, so wie Sandro Botticelli (1445–1510) das mit großem Feingefühl gemalt hat. Es gefiel Maria, wie zurückhaltend sich der Engel ihr auf diesem Gemälde näherte. Weithin sichtbar hält er in der Linken die Lilie, Sinnbild sowohl für ihre Unschuld als auch für den Sohn, den sie gebären sollte, Christus, das Licht der Welt. Der Bote kniet nieder, er duckt sich beinahe, seine rechte Hand und der Blick signalisieren äußersten Respekt. Entwarnung gleichsam, als wollte er sagen: „Langsam, Maria, ich erzähle dir alles ganz genau von vorn, ich bemühe mich und erkläre es dir, so gut es geht. Weise mich nicht sofort ab, sage nicht auf der Stelle nein!" Es ist eine Geschichte des intensiven Werbens, die Botticelli erzählt. Nur die Flügel und seine Lilie kennzeichnen den Engel als Engel. Hätte der Künstler nicht über dem Haupt Marias einen Glorienschein gemalt, könnte man glatt meinen, hier gehe es um ein ganz menschliches Liebeswerben. Romeo, der seine Julia umschwärmt, und Maria als junge Frau, die größte Zweifel hegt, ob sie dem Gehörten trauen darf.

Ihrem Josef hätte Maria dieses Botticelli-Gemälde nicht gezeigt. Schon eher das von Lorenzo di Credi (1459–1537). Da ist der Abstand des Engels viel größer, anständiger, beinahe unüberwindbar. Maria selbst ist weit an den rechten Bildrand gerückt und wendet sich halb ab. Sie ist schon fast im Begriff wegzugehen. Nur die Geste ihrer linken Hand ist offen: Will sie den ungebetenen Gast unverrichteter Dinge weg winken oder ist da noch ein Moment des Aufhorchens? Klar ist bei Lorenzo di Credi, dass Maria dem Engel keine Zeit lässt. Sie wollte diese peinliche, ja kompromittierende Situation so rasch wie möglich bereinigen und ihn loswerden. Aber dann hat er sich aufs Bitten verlegt, geradezu flehentlich: „Bitte, Maria, hör mir zu, ich darf nicht mit einer Leermeldung heimkommen. Die Sache ist einfach zu wichtig. Nicht nur für dich und dein Volk. Nein, für alle, für die ganze Menschheit, von Adam und Eva angefangen bis zum Ende in ein paar hundert Millionen Jahren, wenn die Sonne so viel Energie abstrahlen wird, dass die Erde wieder sein wird wie früher: wüst und leer, ohne eine Menschenseele."

Kunstexperten weisen auf den weiten Raum hin zwischen dem Engel und Maria. Einen ganzen Garten, den Fluchtpunkt des Bildes, hat Lorenzo di Credi zwischen die beiden hingemalt. Selbstverständlich liegt die fromme Interpretation nahe, dass der Himmelsbote einen geziemenden Abstand von der Jungfrau zu wahren hat. Aber das Bild kann genauso gut in der Sprache der Liebe gedeutet werden. In diesem Augenblick, in dem es um alles geht, berühren einander die Pole, fallen die Gegensätze in eins: Wo die Distanz am stärksten spürbar ist, verdichtet sich die Nähe. Oder wie Friedrich Hölderlin gesagt hätte: Wo aber Gefahr ist, wächst das Rettende auch. Und Maria war in Gefahr, das signalisiert ihr pochendes Herz. Erst langsam, im Laufe ihres wechselseitigen Pro und Kontra, nimmt das Rettende der Engelsbotschaft Gestalt an.

Noch deutlicher wird die Distanz bei Alessio Baldovinetti (1425–1499). Er setzt ein häufig verwendetes Stilmittel ein: Zwei Säulen eines Portals schneiden das Bild mitten entzwei. Der links herbeieilende Engel schreckt wie vor einer unsichtbaren Wand zurück. Der Erfolg scheint ihm aber sicher: Sein eigener Gesichtsausdruck lässt Zuversicht erkennen, während Maria mit gesenktem Blick Einverständnis signalisiert. Ebenso ist die Geste ihrer rechten Hand nicht abweisend oder flüchtig wie im Bild von Lorenzo di Credi. Es sind keine Worte mehr nötig, wo

Worte nur stören würden. Später wird der Koran erzählen, dass die Verwandten Maria beschimpft hätten wegen ihres unehelichen Kindes. Aber offenbar hatten höhere Mächte für die junge Frau vorgesorgt. Denn auch ihrem Josef sollte ein Engel erscheinen und die offensichtliche Schieflage ihrer Beziehung wieder ins Lot bringen. So hat Josef es ihr erzählt: Der Engel habe ihm im Traum versichert, was sie allein als seine Braut ihm kaum hätte weismachen können: Dass das seine Ordnung hat mit dem Kind und dass er allein ihre einzige große Liebe ist und bleibt. Dass er sich daher nicht aus dem Staub machen soll. Auch nicht still und leise.

In diesem Moment hat Maria selbst ihre Schwangerschaft aus vollem Herzen annehmen können. Im Innersten ihres Wesens, wo ihr zuerst unendlich bange gewesen war, konnte sie jetzt ganz und gar Ja sagen zu diesem Kinde. Weil Josef Ja gesagt hatte, allem äußeren Anschein und den bösen Zungen im Dorf zum Trotz. Er ließ seine schwangere Frau nicht im Stich, wie so viele Männer das taten. Er nahm seine Rolle als Ziehvater an in dieser Patchworkfamilie, die sie ihr Leben lang sein sollten. Sie selbst mit ihrem Sohn, den sie letztendlich nie verstehen würde, und er als Mann, der jederzeit zu ihr stand, ihr den Rücken stärkte und sie in ihren schwersten Stunden in die Arme nahm. „Die Evangelisten haben das nicht mehr erzählt, weil es ihnen nicht mehr wichtig war", sagt Maria. „Aber ohne meinen Josef hätte ich das nie ertragen können, was für jede Mutter auf dieser Welt das Furchtbarste ist: das eigene Kind zu Grabe tragen müssen."

Ja, der Engel hatte ihre Liebe gerettet. Er konnte das aber nur tun, weil ihr Josef sich nicht verstockt und beleidigt zurückgezogen hat, sondern offen geblieben ist für die Unwägbarkeiten, die das Leben bringt. „Er ist ein herzensguter Mann", dachte Maria. „Ich glaube, er hat mich wirklich lieb. Für immer."

JOSEF TRÄUMT

Ein Engel rettet die Liebe

Über Josef heißt es im Matthäusevangelium, dass seine Verlobte Maria noch vor ihrer Hochzeit schwanger geworden sei. Josef konnte das nicht verstehen, er wollte Maria aber auch nicht öffentlich bloßstellen und beschloss daher, sie heimlich zu verlassen. Doch dann erschien Josef im Traum ein Engel und sagte, er solle sich nicht scheuen, Maria zu sich zu nehmen, denn das Kind sei vom Heiligen Geist. (Mt 1,18–25)

Diese Nacht hatte ihn fertiggemacht. Dabei war alles längst entschieden. Er wollte Maria nichts Böses. Aber mit ihr leben, mit dem Kind, das nicht von ihm war? Nein, auf keinen Fall. Alles, was Recht war, aber das konnte niemand von ihm verlangen. Und jetzt diese Nacht und dieser Traum. Ein Engel des Herrn soll das gewesen sein? „Die Botschaft hör ich wohl", dachte Josef, „allein mir fehlt der Glaube." Es war wie immer, wenn er in der Bibel vorkam, besonders in den sogenannten Kindheitsgeschichten am Anfang des Lukasevangeliums. Er, Josef, hatte keine glorreiche Rolle. Er stand meistens irgendwie daneben. Sogar dort, wo er – was jeder Mann verstehen wird – am liebsten dabei gewesen wäre: bei der Zeugung seines Sohnes.

Dem schon etwas angegrauten Zimmermann von Nazaret war von vornherein klar gewesen, dass er sich mit der bildhübschen Maria auf eine riskante Partie einlassen würde. Handwerk hat goldenen Boden, gewiss. Seine Meisterwerkstatt warf reichlich ab für Frau und Kinderschar. Aber das beeindruckte diese jungen Dinger ja kaum. Er hat immer mit der Gefahr rechnen müssen, dass ein cooler Partytyp seiner Holden den Kopf verdrehen könnte. Wiewohl ihm Maria, das muss hier ausdrücklich festgehalten werden, nie den geringsten Anlass für solche krude männliche Spintisierereien gegeben hat. Gerade deshalb war er ja jetzt aus allen Wolken gefallen. So hatte er sich die Sache nicht vorgestellt. Nicht in seinen schlimmsten Albträumen. Maria war schwanger, und anstatt ihm reinen Wein einzuschenken, erfand sie auch noch diese Geschichte mit dem Gotteskind und dem Engel und der rein gebliebenen Jungfrau. „Ich kann ja verstehen", dachte Josef, „dass es ihr nicht gut geht. Jeder in Nazaret weiß, dass wir verlobt sind. Wenn ich sie verlasse und sie in ein paar Monaten hochschwanger herumlaufen muss, möchte ich nicht in ihrer Haut stecken. ‚Ausgerechnet die!‘, werden die Dorftratschen sich ereifern. Sie hatten schon immer gewusst, was das für eine ist, diese Frömmlerin!"

Ja, sein Herz krampfte sich wie unter einem ungeheuren Schmerz zusammen, wenn er jetzt an Maria dachte und das Kind in ihrem Leib, von dem er nur eines sicher wusste: Es war nicht von ihm! Aber er wollte Maria auf keinen Fall zusätzliches Leid antun. Er hatte sie noch immer lieb, sehr lieb, auch wenn sich dieser Gedanke jetzt langsam zu verfinstern begann, so, als ob sich eine Eisenzange um sein Herz klemmen und es erdrücken würde. Wie oft hatte er sich hin- und mitreißen lassen von ihrem offenen Wesen, ihrer Unbekümmertheit, ihrem jugendlichen Leichtsinn. Er bewunderte dieses Vertrauen in die Zukunft, diese Hoffnung, dass die Welt eine Wende erfahren und der Gott Israels sein Volk nicht ewig auf den Messias würde warten lassen. Josef war angetan von diesem sanften, aber bestimmten Geist des Umsturzes, der aus Maria herausbrach, wenn sie sich über alles Unrecht erregte. So wie es ihr der Evangelist Lukas in den wunderbaren Versen des Magnifikats in den Mund gelegt hat: *Er vollbringt mit seinem Arm machtvolle Taten: Er zerstreut, die im Herzen voll Hochmut sind; er stürzt die Mächtigen vom Thron und erhöht die Niedrigen. Die Hungernden beschenkt er mit seinen Gaben und lässt die Reichen leer ausgehen.* (Lk 1,51–53)

Trösten konnte sich Josef damit aber nicht. Das Kind, das angeblich den Lauf der Welt verändern sollte, war nicht von ihm. Das stand fest. Er konnte sich nicht vorstellen, was da in Maria gefahren war. Wie immer sie ihre Schwangerschaft erklärte – die Trennung war unvermeidlich. Es ging nur noch um das Wie. Da war Josef sicher. Sicher gewesen jedenfalls. Denn jetzt, über Nacht, hatte dieser Traum alles in Frage gestellt. So wie es Matthäus in seinem Evangelium aufgeschrieben hat: *Mit der Geburt Jesu Christi war es so: Maria, seine Mutter, war mit Josef verlobt; noch bevor sie zusammengekommen waren, zeigte sich, dass sie ein Kind erwartete – durch das Wirken des Heiligen Geistes. Josef, ihr Mann, der gerecht war und sie nicht bloßstellen wollte, beschloss, sich in aller Stille von ihr zu trennen. Während er noch darüber nachdachte, erschien ihm ein Engel des Herrn im Traum und sagte: Josef, Sohn Davids, fürchte dich nicht, Maria als deine Frau zu dir zu nehmen; denn das Kind, das sie erwartet, ist vom Heiligen Geist.* (Mt 1,18–20)

Das war doppelt gemoppelt. Engelsbotschaft, die zweite. Auch Maria hatte ihm diese Geschichte von dem Engel erzählt, der ihr erschienen sei. Aber bisher war er felsenfest davon überzeugt gewesen, dass seine Noch-Verlobte dieses Märchen zwischen Himmel und Erde in ihrer Not erfunden hatte. Sie liebte ihn von ganzem Herzen und hatte längst eingesehen, dass sie die größte Dummheit ihres Lebens begangen hatte. Deshalb, so hielt Josef ihr zugute, hatte sie ihm diese Gottessohn-Story weismachen wollen.

Sollte da am Ende nun doch etwas dran sein? War sein eigener Traum der zweite Fingerzeig von ganz oben, den er nicht mehr als Ausrede Marias abtun konnte, die ihn offenbar noch immer liebte und daher in ihrer Verzweiflung zu diesem Strohhalm gegriffen hatte? Sollte er sich darauf einlassen, wegen eines Traumbildes für ewige Zeiten den Nährvater abzugeben? Ja, er hing an Maria. Aber vielleicht ließ er sich deshalb selbst schon irritieren – und glaubte lieber an Engel als an die nackten Tatsachen.

Gut, schon bei den alten Ägyptern waren Gottessöhne nicht auf dem Weg der natürlichen Empfängnis in das Dasein getreten. Schon damals deutete sich die Abschaffung der Väter an, die im dritten Jahrtausend mit der routinemäßigen Zeugung im Reagenzglas fröhliche Urständ feiern sollte. In den alten Göttersagen leuchtete bereits eine Ahnung von dem sogenannten wissenschaftlichen Fortschritt auf, der die Erzeugung des Nachwuchses nicht der lustvollen Umarmung von Mann und Frau überlassen wollte, sondern der geplanten Zusammenführung von Ei- und Samenzelle im Reagenzglas. Es war ja – das konnte Josef nachvollziehen – tatsächlich eigenartig: Beinahe alles im Leben war planbar, nur den Anfang hatte die Evolution dem unberechenbaren Ereignis eines Liebesaktes überlassen. Kein Wunder, wenn Generationen von Forschern versuchen sollten, diesen „Größten Anzunehmenden Zufall", diesen GAZ der Menschenschicksale, endlich in den Griff zu bekommen.

Hier und heute aber war Josef auf sich allein gestellt. Sollte er sich diesen Traum doch zu Herzen nehmen? Selbst wenn er Maria noch so heimlich entließe – in einem Nest wie Nazaret würde sich die böse Fama wie ein Lauffeuer verbreiten. Der Zimmermann war nicht irgendwer. Er war aus dem Hause Davids. Sein Stammbaum zählte alle auf, die in Israel Rang und Namen hatten: von Abraham über Salomo bis Jakob, seinen Vater. Sogar der Engel hatte ihn ausdrücklich mit „Josef, Sohn Davids" angesprochen – und ihm dann den Auftrag untergejubelt, Maria als Frau zu sich zu nehmen. Kompromisslos, ohne Wenn und Aber, wie es die Art von Engeln ist und wie es Maria genauso von ihrer Engelserscheinung erzählt hatte. Diese Himmelsboten duldeten keinen Widerspruch. Maria hatte es versucht, das hatte sie ihm nicht nur treuherzig, sondern glaubwürdig versichert. Aber es sei völlig vergeblich gewesen. Der Engel habe jedes ihrer Gegenargumente wie eine Seifenblase zerplatzen lassen.

Nein, freuen konnte er sich – noch – nicht. Trotz Traum und Engel. Das wäre auch zu viel verlangt, sagte sich Josef. Andererseits: Je öfter er über seinen Traum nachdachte, desto klarer wurde ihm, dass dieses Kind nun einmal da war. Es war besser, das Kleine wuchs mit einem Nährvater auf als mit gar keinem. Kneifen war nie seine Sache gewesen, und vaterlos würde die Gesellschaft später ohnehin von selbst werden. Zu guter Letzt könnte sich der Knabe – ein solcher würde es werden, das hatte ja auch der Engel gesagt – sogar in der Werkstatt bewähren und ihm ans Herz wachsen. „Josef & Sohn" würde der Vater in zwanzig Jahren stolz auf das Firmenschild schreiben. Irgendwo in einem hellen Winkel seines Herzens keimte eine Hoffnung: Dass sich seine Träume vom Leben und von der Liebe mit Maria doch noch erfüllen könnten – wenn dieses Kind erst heil und geborgen zur Welt gekommen war. Josef sagte sich die Worte des Engels immer wieder vor und begann, seinen Traum mit neuen Augen zu sehen. Hatte der Bote ihm nicht sagen wollen: „Lass dich nicht irritieren! Trau deinem Glück! Nimm Maria, wie sie ist, herausfordernd, betörend und unergründlich – das Kind, das dir jetzt noch fremd ist, inklusive. Du bist nicht der Einzige, dem es aufgegeben ist, ein Kind anzunehmen. Es wird noch viele Stiefväter geben, die daran scheitern werden – oder sich an dir ein Vorbild nehmen können."

So geschah, was der Evangelist Matthäus niederschrieb: *Als Josef erwachte, tat er, was der Engel des Herrn ihm befohlen hatte, und nahm seine Frau zu sich. Er erkannte sie aber nicht, bis sie ihren Sohn gebar.* (Mt 1,24–25)

DER ENGEL MIT DEM SCHWERT

Grübeln über Gott und die Welt

Nach der Erzählung der Genesis haben Adam und Eva das Paradies verloren, weil sie von dem verbotenen Baum der Erkenntnis von Gut und Böse gegessen haben. Gott vertrieb die Menschen und stellte östlich des Gartens Eden Kerubim als Wächter auf, damit sie nicht mehr zurück konnten. Der Überlieferung nach ist Erzengel Michael der mit dem Flammenschwert. (Gen 3,23-24)

„Ich weiß", sagte Michael, „ich werde in der Genesis nicht namentlich als Wächter des Paradieses genannt." Dort heißt es nur: *Er (Gott) vertrieb den Menschen und ließ östlich vom Garten Eden die Kerubim wohnen und das lodernde Flammenschwert, damit sie den Weg zum Baum des Lebens bewachten.* (Gen 3,24) „Aber ihr könnt mir glauben, dass es vornehmlich wieder einmal ich gewesen bin, der wie immer ins Rennen geschickt wurde, wenn es um besonders heikle Aufgaben ging. Mein Kollege Gabriel darf dagegen die meistens auch nicht leichten, aber doch eher netten Termine übernehmen – Maria verkünden, dass sie ein Kind bekommen werde, und Ähnliches mehr. Ich, Michael, wurde dagegen für göttliche Strafaktionen eingesetzt: den Satan und seine gefallenen Engel aus dem Himmel werfen oder jetzt eben den Menschen das Paradies versperren, nachdem Adam und Eva es leichtfertig verspielt haben. Von nun an, so hatte es der Chef verfügt, sollten die Männer ihren Lohn im Schweiße ihres Angesichts erwerben und die Frauen ihre Kinder unter Schmerzen gebären. Für den Vollzug hatte – der Überlieferung nach – wieder einmal ich zu sorgen. Ich war der große Engelfürst, der Kämpfer und Vollstrecker vom Dienst, so wie es im apokalyptischen Buch Daniel (10,13; 12,1) oder in der Offenbarung des Johannes geschrieben steht: *Da entbrannte im Himmel ein Kampf; Michael und seine Engel erhoben sich, um mit dem Drachen zu kämpfen. Der Drache und seine Engel kämpften, aber sie hielten nicht stand und sie verloren ihren Platz im Himmel.* (Offb 12,7–8)

Da stand ich nun also mit meinem Schwert und ließ niemanden mehr ins Paradies hinein. Das war eine besonders undankbare Aufgabe, weil die Menschen anderes von Engeln gewohnt waren. Ihre liebsten Gestalten waren die Schutzengel, die sie in lieblichen und fürsorglichen Darstellungen ihren Kleinen über das Gitterbett hängten. Sehr nett, wie ein solcher Schutzengel da ein Kind an der Hand nimmt und es über die Brücke führt, die kein Geländer hat. Wahrlich ein Engel zum Liebhaben. Ehrlich gesagt, erschien das auch mir als sinnvollstes Einsatzgebiet für Engel. Wenn Gott der barmherzige Vater im Himmel war, der ‚Abba‘, der ‚liebe Papa‘, wie Jesus es seine Jüngerinnen und Jüngern gelehrt hat, dann sollten seine engsten Mitarbeiterinnen und Mitarbeiter etwas von dieser Barmherzigkeit weitergeben. Aber nein, ich, Michael, musste die andere Seite verkörpern, von der es im römisch-katholischen Katechismus heißt: Gott ist der gerechte Richter, der das Gute belohnt und das Böse bestraft. Wie das mit seiner Barmherzigkeit in Einklang zu bringen sei, das hat uns Engel noch niemand plausibel erklären können. Aber wir sind eben auch nicht allwissend. Bei weitem nicht."

Daher hatte Michael auch die Vertreibung von Adam und Eva aus dem Paradies nicht ganz verstanden. War hier die Verhältnismäßigkeit der Mittel gewahrt? Und überhaupt, warum dieses Verbot, dass die beiden nicht vom Baum der Erkenntnis essen dürften? Das ist gerade so, als wenn man einem Kind ein leckeres Schokoladeeis vor die Nase halten würde und dann sagte: „Das kriegst du aber genau nicht. Du kannst dir von den andern Eissorten etwas aussuchen, was immer du magst, es gibt genug davon. Aber dieses ganz spezielle Schokoladeeis, das dir das

Wasser im Mund zusammenlaufen lässt, ist dir verboten." Verschärfend kam hinzu, dass im Paradies alles in Hülle und Fülle vorhanden war. Niemand hat darben müssen wegen dieses einen Äpfelchens, das Adam und Eva von dem verbotenen Baum gegessen haben. Außer den beiden war ohnehin niemand da.

„Warum Gott also den beiden ihr paradiesisches Leben unbedingt mit einem Verbot vergällen musste, bleibt sein Geheimnis", dachte Michael. Zumal der Allwissende wissen musste, wie es ausgehen würde. „Es wäre mir ein Leichtes gewesen, den Baum der Erkenntnis unter meine Obhut zu bringen", betonte Michael. Man hätte die Menschen deshalb wahrlich nicht aus dem Paradies vertreiben müssen. Andererseits wäre die ganze Geschichte des Menschengeschlechts, dieser „Krone der Schöpfung", ohne die Vertreibung vielleicht nicht aufgegangen. War das von Anfang an der Plan gewesen, das Ziel der ganzen aufwändigen Erschaffung der Welt und des Menschen? Dass der Mensch Gut und Böse erkennen und damit aus seiner paradiesischen Unmündigkeit entlassen werden sollte? So konnte man später Immanuel Kant verstehen, der in seiner Schrift „Beantwortung der Frage: Was ist Aufklärung?" von 1784 die Aufklärung so definiert hat: „Aufklärung ist der Ausgang des Menschen aus seiner selbst verschuldeten Unmündigkeit." Selbst verschuldet sei diese,

wenn es nicht an Verstand, sondern an Entschlie-
ßung und Mut fehle. „Sapere aude! Habe Mut, dich
deines eigenen Verstandes zu bedienen!", sei daher
der Wahlspruch der Aufklärung. Das ist bei Adam
und Eva, die ihren Verstand benutzt und den Apfel
gegessen haben, gehörig schiefgegangen. Zumindest
auf den ersten Blick. Denn eines musste man den
ersten Menschen im Sinne Kants lassen: Sie haben
entschlossen und mutig gehandelt. No risk, no fun.
Das kann nicht nur, das darf auch einmal daneben
gehen.

Genau betrachtet, ging es in der Geschichte von
Adam und Eva ohnehin nicht darum, was am Anfang der Menschheit gewesen sei. Ihren naturwis-
senschaftlichen Anspruch hat die Genesis, das erste
Buch der Bibel, spätestens seit Charles Darwin und
seiner Evolutionstheorie eingebüßt. Daran ändert
auch nichts, dass selbst im 21. Jahrhundert noch
Millionen US-Amerikaner den Darwinismus ab-
lehnten und die Schöpfungsgeschichte der Genesis
für bare Münze hielten. „Christlicher Fundamenta-
lismus in Reinkultur", sagte dazu Michael. Es wäre
der Menschheit viel geholfen, wenn sie die Erzählung von der Vertreibung aus dem Paradies als sogenannte Ätiologie lesen könnte – einen Versuch, die
heutigen Zustände der Welt und des Menschseins
zu erklären. Demnach war es der Mensch selbst, der
sich am Baum der Erkenntnis vergriffen und damit

sein sorgenloses paradiesisches Dasein verspielt hat. „So sind sie, die Menschen", sagte Michael. „Nie mit dem zufrieden, was sie wissen und was sie haben. Sie wollen immer mehr wissen und am Ende sein ‚wie Gott': Schöpfer und Beherrscher des Lebens." Am deutlichsten ist das im 21. Jahrhundert mit der atemberaubenden Entwicklung der künstlichen Befruchtung zu Tage getreten. Kinder zeugen sollte ein fortpflanzungsmedizinischer High-Tech-Prozess werden. Selektion inklusive, frei nach dem vom Allmachtswahn geprägten Motto: „Was wir können, tun wir auch. Wer auf die Welt kommen darf, bestimmen wir."

„Mir graut davor", sagte Michael, „wenn ich an das ‚Human Enhancement' denke, daran, wie die Wissenschaft im 21. Jahrhundert von der Optimierung des Menschen und vom Transhumanismus schwärmen sollte." Mensch und Maschine sollten zum „Supermenschen" verschmelzen. Hieß das, dass die nächste Stufe der Evolution eine künstliche Superintelligenz sein würde? War damit der Abgesang auf den Menschen als „Krone der Schöpfung" eingeleitet? „Wenn diese intellektuelle Selbstüberschätzung des Menschen nur nicht in einem Albtraum endet", dachte Michael. Mit dem Apfel vom Baum der Erkenntnis war keine Allwissenheit verbunden. „Ihr werdet sein wie Gott", war zwar das schlaue Argument der Schlange gewesen. Aber das war eine glatte Lüge. Allwissend zu sein oder gar „ewig" wie Gott, blieb den Menschen auf Dauer verwehrt.

Daran sollte sich die Menschheit die Zähne ausbeißen, dass das Leben jeder und jedes Einzelnen begrenzt war. Auf 120 Jahre etwa, so waren sich die Mediziner noch im 21. Jahrhundert einig. Innerhalb dieser Grenze war es zwar gelungen, die Lebenserwartung ständig zu steigern. Hundertjährige, die man beinahe als rüstig bezeichnen konnte, waren nicht mehr selten. Aber irgendwann war es definitiv zu Ende. Daran änderte auch nichts, dass sich reiche US-Amerikaner, die diesem unausweichlichen Los der Sterblichkeit entkommen wollten, einfrieren ließen. „Aber in welches Leben sollten sie zurückkehren, wenn sie irgendwann wieder aufgetaut würden?", fragte sich Michael. „Da fällt mir kein anderes Beispiel ein als der biblische Lazarus." Den hat Jesus, so heißt es im Johannesevangelium (Joh 11,17–44), nach drei Tagen aus dem Grab geholt. Aber wenn es so war, dann war es seine Auferweckung in die zweite menschliche Existenz. Das ewige Leben hatte Lazarus damit nicht erworben.

Michael glaubte, dass das genau der Sinn dieses Verbotes war, nicht vom Baum der Erkenntnis zu essen. Es war die Warnung davor, dass dies den Tod bringen würde. Der Gegencheck, ob das im Paradies anders gewesen wäre, war leider nicht mehr möglich. Vermutlich hätten Adam und Eva dort ewig gelebt. Es wird nichts davon berichtet, dass sie gealtert wären. Ob die Menschen damit auf Dauer glücklich geworden wären? „Was soll ich lange darüber sinnieren", sagte sich Michael. „Vernunft ist nun einmal nicht die Stärke der Menschen. Sie waren nie mit dem zufrieden, was sie hatten. Das hatte die Schlange ganz richtig erkannt: Man musste nur den Neid schüren, und schon waren das Gehirn und alle seine Warnsignale ausgeschaltet." Populistische Politiker sollten Meister darin werden, die Neidgesellschaft für ihre Zwecke zu missbrauchen. So gesehen, hatten es die Menschen nicht verdient, wieder auf direktem Wege ins Paradies zurückzukehren. Sie mussten durch dieses selbst verschuldete Jammertal hindurch und konnten nur auf eines hoffen: auf Erlösung.

Michael selbst hoffte, dass es ihm wenigstens beim Jüngsten Gericht erspart bleiben würde, wieder den Vollstrecker zu geben und die Verdammten in die Hölle zu werfen, wie es Michelangelo so prächtig und erschaudernd zugleich in der Sixtinischen Kapelle dargestellt hat. Auch als Engel wusste er nicht, wie die Menschenschicksale am Ende ausgehen würden. Aber er hatte Hoffnung. Warum sollte der Allwissende nicht doch noch einen Weg finden, Gerechtigkeit und Barmherzigkeit unter einen göttlichen Hut zu bringen? So schwierig konnte das nicht sein, heißt es doch, bei Gott ist nichts unmöglich. Es wäre eine große Hilfe für alle. Für die Menschen, aber auch für ihn, den Engel mit dem Flammenschwert, der dann endlich auch einmal ein lieber Schutzengel sein dürfte.

SCHUTZENGEL IM STRESS

Warum es mit den Menschen so schwierig ist

In der Bibel ist mehrfach von Engeln die Rede, die Gott zum Schutz von Menschen abstellt. So heißt es schon im Buch Exodus, Gott werde einen Engel schicken, der vorausgeht und schützt. Psalm 34 spricht von einem Engel des Herrn, der alle umschirmt und befreit. In Psalm 91 befiehlt Gott seinen Engeln, den Menschen zu behüten auf all seinen Wegen. (Ex 23,20; Ps 34,8; Ps 91,11)

Noch nie hat ein Interview so viele Zweifel wachgerufen wie der Versuch, meinen Engel zu interviewen. Es begann schon bei der Frage, wie man einen Engel anspricht. Wenn Er doch vielleicht eine Sie ist. Oder weder ein Er noch eine Sie. Reiner Geist, wie man zu sagen pflegt. Unfassbar, nicht zu greifen, überall und nirgends, frei, wie beim Menschen nur die Gedanken sind. Ohne ordentlichen Wohnsitz und doch an jedem Ort dieser Erde daheim, oder mehr noch: dieses Universums. Also versuchte ich es mit ein wenig

Lob, um des Engels Ohr zu öffnen, oder mehr noch sein Herz. „Erinnerst du dich", sprach ich zu meinem Engel, „wie ich als kleiner Bub in den Bach gefallen bin, draußen beim Mühlrad? Da warst du echt auf Zack. Ohne dich wäre das schlimm ausgegangen, sehr schlimm. Aber durch dein rasches Eingreifen wurde der Sturz ins Wasser zu einer Art Wiedergeburt." „Ja, ich erinnere mich", sagte mein Engel – sofern ein Engel von erinnern sprechen kann, da er doch über Raum und Zeit erhaben ist. „Ich sehe diesen Augenblick vor mir, als ob es jetzt geschieht. Ich habe dich aus dem Wasser geholt. Etwas spät, du bist am Kopf schon verletzt gewesen. Aber immerhin. Wäre auch zu dumm gewesen, wenn ich das versäumt hätte. Nicht nur wegen dir, auch wegen meines persönlichen Status. Ich bin eine hoch qualifizierte Fachkraft für Menschenführung. Beherzt und schnell sein ist unser Trumpf. Das gehört zur Grundausbildung. Ich hätte eine halbe Ewigkeit keine Menschenseele mehr zugeteilt bekommen, wenn ich bei dieser alltäglichen Aufgabe versagt hätte. Aber es ist ja noch einmal gut gegangen …"

Engel am Rande des Nervenzusammenbruchs? Da ginge es turbulent zu, wenn der spanische Regisseur Pedro Almodóvar sich einmal über dieses Thema wagen sollte, so wie er 1989 die Frauen am Rande des Nervenzusammenbruchs auf die Leinwand gebracht hat. „Fantast!", schimpfte mein Engel. „Als

Theologe solltest du wissen, dass wir Engel von jeder Emotion frei sind. Es reicht, dass ihr Menschen ständig hin- und hergerissen seid zwischen euren Sehnsüchten und Niederlagen, euren Erfolgen und Pleiten, euren Hoffnungen und Enttäuschungen. Unsere erste Engelspflicht heißt Ruhe bewahren, den Überblick behalten, gelassen bleiben. Wir sehen alles ‚sub specie aeternitatis‘, unter dem Blickwinkel der Ewigkeit. Für uns schaut vieles ganz anders aus, was euch Menschen aufregt oder in Angst und Schrecken versetzt."

Tatsächlich sind die Engel uns weit voraus. Schon rein zeitlich, da sie in der Ewigkeit leben. Sie haben den großen Lostag bereits hinter sich. Bei ihnen ist die Entscheidung gefallen. Luzifer hat hoch gepokert und ist tief gestürzt. Seither sind Gut und Böse, Recht und Unrecht, Treue und Verrat, Liebe und Hass, Hoffnung und Verzweiflung bei den Engeln klar getrennt. Ganz im Unterschied zu den Menschen. Deren Geschichte hat auch so angefangen: unschuldig, paradiesisch, engelsgleich. Dann wollten Adam und Eva sein wie Gott. Und bezahlten mit der Verbannung aus dem Paradies. Aber anders als die gefallenen Engel bekamen die Frau und der Mann eine zweite Chance. Zwar muss sie in Schmerzen gebären und er im Schweiße seines Angesichtes sein Brot verdienen. Aber die Zukunft ist offen. Der Jüngste Tag ist noch nicht angebrochen, er steht erst bevor. Nirgendwo ist ausgemacht, dass es ein „Dies Irae", ein Tag des Zorns, sein werde. Im Gegenteil. Das sogenannte Jüngste Gericht, das Michelangelo 1541 in der Sixtinischen Kapelle im Vatikan vollendet hat, könnte zur letzten großen Therapie werden, durch die Gott den Menschen hindurchgehen und sich verwandeln lässt. Sozusagen in ein ewigkeitstaugliches Wesen. Vieles deutet darauf hin, dass der Weg alles Irdischen hineinführt in das große Licht, das heller strahlt als der volle Mond am nachtschwarzen Himmel oder tausend Sonnen in der Milchstraße.

„Schau doch dein eigenes Leben an", sagte mein Engel. „Immer, wenn du geglaubt hast, du bist endgültig in der Sackgasse, hat sich irgendwo eine Tür aufgetan. Wo du meinst, du bist am Ende, ist es nur ein kleiner Schritt zu einem neuen Anfang. Der Jammer ist nur, dass dein Glaube so schwach ist, deine Hoffnung so zaghaft, deine Liebe so kleinlaut."

Also sprach mein Engel und schaute mir dabei direkt in die Augen. Nicht harmlos und lieblich, wie der Schutzengel auf den Katechismusbildchen. Eher war sein Blick ernsthaft, vielleicht sogar leicht besorgt, aber mit einem großen Überhang an festem Zutrauen, an Zuversicht. Es war ein Blick voller Entschlossenheit, wie auf dem Bild von Marc Chagall. Dessen Engel hat keine blonden Locken, sondern dichtes schwarzes Haar, er hat keinen fahlen Teint, sondern ein kräftig leuchtendes Gesicht. Seine Sanftheit ist gepaart mit der verzehrenden Glut des Feuers. Das erinnert an den Propheten Jesaja, der die himmlischen Wesen als Serafim – übersetzt: die Brennenden – um den Thron Gottes geschart sieht. Die Türschwellen erbeben bei ihrem „Heilig, heilig, heilig"-Ruf, der einen Schalldruck erzeugt wie tausend Fanfarenstöße. Der Tempel füllt sich mit Rauch. Furcht und Schrecken erfassen den Gottesmann ob dieser mächtigen Erscheinung. (vgl. Jes 6,2–5)

Engel sind mehr als nur liebliche Beschützer. Daher wäre es auch viel zu kurz gedacht, meinen Engel nur als Schutzengel zu sehen. Das ist der Job, den er ohnehin ungefragt macht. Viel wichtiger ist, dass er vor Tatkraft strotzt, dass er mit einer Macht auftritt, die aus einer anderen Welt kommt. Wenn er da ist, weicht meine Mutlosigkeit der Entschlossenheit und ich bekomme festen Boden unter die Füße. Wenn er den Weg weist, tut sich ein weiter, offener Horizont auf. So wie es Gott dem Mose zugesagt hat: *Ich werde einen Engel schicken, der dir vorausgeht. Er soll dich auf dem Weg schützen und dich an den Ort bringen, den ich bestimmt habe. Achte auf ihn und höre auf seine Stimme! Widersetz dich ihm nicht! Er würde es nicht ertragen, wenn ihr euch auflehnt; denn in ihm ist mein Name gegenwärtig.* (Ex 23,20–21)

Wären die Engel nicht längst da, müssten sie im Zeitalter des Internets erfunden werden. Sie schweben und schwirren überall durch den Äther. Das muss ein Zustand sein, wie wir digitalisierten Menschen es erträumen: www.engel.com und schon bist du weltweit unterwegs. Grenzenlos, zeitlos, raumlos. Virtuell verbunden mit den Millionen anderen, die jetzt oder später aktiv oder potenziell im Internet surfen. Jeder kann mit jedem jederzeit in Verbindung sein. Aber bei den Engeln ist dieses Können mehr als nur eine Möglichkeit. Es ist ihr Aggregatszustand, der sie über alles menschlich Begrenzte hinaus erhebt. Sie sehen alles, hören alles, erfahren alles. Ihre Welt ist nicht der Globus, sondern das Universum: www.engel.univers.

Das ist ihre Lust, aber auch ihre Last. Denn die Augen vor etwas verschließen können Engel nicht. Sie müssen hinschauen auf die Welt, auch dort, wo sie sich vor Abscheu am liebsten abwenden möchten. „Das ist wirklich hart, wenn du das alles miterleben musst, was schief läuft bei den Menschen, und du so wenig dagegen tun kannst", sagte mein Engel und klatschte mir eine gar nicht frohe Botschaft auf den Tisch. „Was mir am meisten Sorgen macht, ist deine fehlende Einsicht. Du weißt doch ganz genau, dass das Gute oft so nahe liegt, aber du meinst immer, du bist gescheiter. Dann liegst du wieder auf der Nase und ich brauche tagelang, um dich wieder aufzupäppeln." „Der Geist wäre ja willig", wagte ich leise zu erwidern, „aber du hast als körperloses We-

43

sen keine Ahnung, wie schwach das Fleisch ist. Das ist ein langer Weg, bis die richtige Erkenntnis sich ausgebreitet hat, durch alle Nervenbahnen, bis in den kleinen Finger. Da fließt viel Wasser die Salzach hinunter, und Tränen füllen das Meer." „Weil du mir nicht traust und dir selbst erst recht nicht", sagte mein Engel mit einem tiefen Seufzer. „Du denkst und grübelst und überlegst. Dabei müsstest du nur beachten, was beim Kleinen Prinzen nachzulesen ist: Man sieht nur mit dem Herzen gut. Und wenn schon Antoine de Saint-Exupéry nicht dein Fall ist, dann solltest du wenigstens von Sokrates lernen: Ich weiß, dass ich nichts weiß. Diese Einsicht, dass jede menschliche Erkenntnis begrenzt ist, gilt heute mehr noch als zu Sokrates' Zeiten im 5. Jh. vor Christus. Das verlangt Demut, aber es befreit dich von der Illusion, dass ausgerechnet du die Welt aus den Angeln heben würdest."

Da hat er zweifellos Recht, mein Engel, dass alles menschliche Wissen nicht die Rätsel des Lebens lösen kann. Trotz weltweiter Vernetzung ist die Erde nur ein Staubkorn am Rande des Weltalls. Kein Hauch von universeller Erkenntnis, von www.engel.univers. „Doch", entgegnete mein Engel, „ich bin bei dir. Du weißt es nur nicht, weil du die meiste Zeit nicht auf Empfang bist, weil du nicht den Kanal eingeschaltet hast, auf dem ich sende. Nur wenn du in dich hineinhörst, kannst du spüren, wohin ich dich geleiten will. Aber dafür nimmst du dir zu wenig Zeit. Oder du hast Angst. Weil du plötzlich erkennen würdest, wie oft du von deinem Weg abgekommen bist. Weil du dich dann der größten Herausforderung stellen müsstest, die es für einen Menschen gibt: Dorthin zu finden oder zurückzufinden, wo deine innere Stimme dich hinführt."

Langsam begreife ich, warum der Sturz in den Bach meinen Engel so gar nicht aufgeregt hat. „Das war letztlich eine Kleinigkeit, alltägliches Engelshandwerk", sagte er. „Aber wenn du nicht auf dich selbst hörst, wenn du diese innere Stimme ignorierst, die dir von Anfang an ins Herz gelegt ist, das bringt mich an den Rand der Verzweiflung!" Schließlich müsse er Rechenschaft ablegen. Unter Engeln gebe es zwar weder Neid noch Ehrgeiz, aber man tue eben, was man könne. „Wir wissen nicht, ob wir alle ans Ziel bringen können, die uns anvertraut sind", sagte der Engel. „Aber unser Auftrag ist eindeutig: Jeder Mensch ist gleich viel wert. Jeder soll gerettet werden." Die katholische Kirche habe zwar den Satz des Origenes verworfen, dass alle sicher gerettet würden und dass das Bild von der Hölle, vom ewigen Fernsein vom lebenspendenden Gott, nur den Ernst des Lebens auf den Punkt bringen soll. Aber gleichzeitig habe sie immer daran festgehalten, dass nicht mit Sicherheit behauptet werden könne, dass irgendein Mensch in der Hölle sei oder sein werde.

Sein Chef sei daher, was das Heil der Menschen angehe, extrem streng, sagte der Engel. „Ich möchte nicht behaupten, dass er uns Engeln gegenüber gnadenlos ist, das wäre wohl der falsche Ausdruck. Aber wenn es darum geht, alles nur Engelmögliche für einen Menschen zu tun, dann kennt er keinen Kompromiss. Da erwartet er von uns bedingungslosen Einsatz. Also mach es mir nicht immer gar so schwer! Ein bisschen weniger stur und eigensinnig sein könntest du dir wohl vornehmen. Mehr verlange ich ohnehin nicht. Das andere mache ich schon. Schließlich bin ich ein Engel. Dein Engel."

HELDEN UND HELDINNEN

JUDIT

Die Gotteskriegerin wird ihre Zweifel nicht los

Das alttestamentliche Buch Judit stellt den Überlebenskampf des Volkes Israel gegen eine überlegene politisch militärische Weltmacht dar. Die schöne und gottesfürchtige Witwe Judit geht unbewaffnet in das Heerlager des assyrischen Generals Holofernes und enthauptet ihn mit seinem eigenen Schwert. (Jdt 12 und 13) Friedrich Hebbel zeigt in seinem Judith-Drama die inneren Widersprüche und Zweifel der Gotteskriegerin auf.

Der Herrschaftsanspruch des Assyrer-Königs in Ninive ist nicht nur machtpolitisch, sondern auch religiös motiviert. Nebukadnezzar wollte als Gott verehrt werden. Damit wird sein Kampf gegen das Volk Israel zu einem Konflikt zwischen den „Götzen der Heidenvölker" und dem „einzigen wahren Gott Israels". Judit ermordet den feindlichen Feldherrn und rettet auf diese Weise nicht nur ihr Volk vor der Vernichtung, sondern erweist auch die Überlegenheit Jahwes über alle anderen Götter. Als die Heldin mit der Trophäe in die Stadt Betulia heimkehrt, hebt die Priesterschaft einen Lobpreis an auf den Gott, *der dich geführt hat, das Haupt des Anführers unserer Feinde zu zerschmettern.* Was in der Seele dieser Frau vorgegangen sein mag, bleibt verborgen. „Denn nicht an persönlichen Emotionen ist der Text interessiert, sondern allein am Glauben; nicht der Mensch steht im Vordergrund, sondern ganz und gar Gott", sagt dazu der Tübinger Theologe und Kulturwissenschafter Karl-Josef Kuschel.

„Im Klartext, wie es mir ging, hat keinen interessiert", sagt Judit. „Für den biblischen Schriftsteller war nur wichtig, dass sich Gott Jahwe in der Auseinandersetzung mit dem Möchtegern-Gott Nebukadnezzar als der absolut überlegene erwiesen hat. Und sei es ,durch die Hand einer Frau', wie es in meinem abschließenden Lobgesang (Jdt 16,1–17) hieß. Das ist der Stoff, aus dem gläubige Gotteskriegerinnen und -krieger gemacht sind. Ich habe mein Leben im Auftrag Gottes aufs Spiel gesetzt – so meinte ich jedenfalls, so habe ich es wieder und wieder herbeigesehnt. Noch unmittelbar vor meiner rettenden Tat für das Volk habe ich gefleht: *Herr, du Gott aller Macht, sieh in dieser Stunde gnädig auf das, was meine Hände zur Verherrlichung Jerusalems tun werden! Jetzt ist der Augenblick gekommen, dass du dich deines Erbbesitzes annimmst und dass ich mein Vorhaben ausführe, zum Verderben der Feinde, die sich gegen uns erhoben haben.* (Jdt 13,4b–5) Dann bin ich zum Bettpfosten am Kopf des Holofernes gegangen und habe von dort sein Schwert genommen. Ich ging ganz nahe zu seinem Lager hin, ergriff sein Haar und betete neuerlich: *Mach mich stark, Herr, du Gott Israels, am heutigen Tag!* (Jdt 13,7b) Dann schlug ich zwei Mal mit meiner ganzen Kraft auf seinen Nacken und hieb ihm den Kopf ab. Ich wälzte seinen Rumpf von dem Lager und riss das Mückennetz von den Tragstangen."

„Ich war wie in Trance", sagt Judit. Religion stärkt die Kampfmoral, sie macht todesmutig, weil das eigene Leben eingeordnet wird in einen absoluten Sinnzusammenhang. Führer jedweder ideologischer Provenienz haben sich diese Erfahrung zunutze gemacht: Soldaten, die mit religiösem Eifer kämpfen, sind besonders selbstlos und aufopferungsbereit. „Gott mit uns", stand im Zweiten Weltkrieg auf der Koppel der Deutschen Wehrmacht. Im Irak und in Afghanistan erhielten US-Soldaten so genannte Freedom Packages. Neben der Bibel enthielten sie das Computerspiel „Left Behind: Eternal Forces", in dem der Spieler als „Soldat Gottes" Feinde zur Strecke bringt. Der Lohn wird groß sein. Wenn nicht mehr in diesem Leben, dann im Himmel. In der Fatwa, die Osama Bin Laden 1998 herausgegeben hat, bezeichnete er „die Weisung, alle Amerikaner und ihre Verbündeten zu töten", als persönliche Verpflichtung jedes Muslim. Wer die Pflicht erfüllt, tut es nicht vergebens, sondern wird belohnt werden: „Mit Gottes Hilfe rufen wir jeden Muslim, der an Gott glaubt und belohnt werden möchte, dazu auf, sich an Gottes Gebot zu halten, die Amerikaner zu töten und ihr Geld zu rauben, wo immer und wann immer es ihm möglich ist."

Doch die Beweiskette vom Willen Gottes bis zum Tod des Feindes ist brüchig. Schon im Buch Judit der Bibel. Der Gott Israels, der scheinbar so wirkmächtig als „Gott mit uns" das Schicksal der belagerten Stadt Betulia wendet, kommt selbst als aktiv Handelnder gar nicht vor. Er löst keine Heuschreckenplage aus, wie er es im Buch Exodus gegen die Ägypter getan hat, er schickt keine Sturmwelle, um das feindliche Heer im Roten Meer zu ertränken, nicht einmal ein Engel erscheint, um Judit die Hand mit dem Schwert zu führen. „Ja", sagt Judit, „wenn man den Text genau liest, ist das so. Aber ich wollte es nicht wahr haben. Ich habe gespürt, dass ich an die Grenze gehe und sie überschreite. Daher wollte ich ganz fest glauben, dass ich ‚im Auftrag des Höchsten' in das Lager der Assyrer eingedrungen bin und Holofernes mit List zur Strecke gebracht habe. Ich brauchte diese Interpretation und Rechtfertigung meines Handelns. Andernfalls wäre es schlicht und einfach Mord gewesen. Ich wollte unbedingt glauben, dass Gott selbst es war, der diese meine Tat abgesegnet hat."

Aber das Einzige, was das Buch Judit dazu wirklich hergibt, ist, dass der Herr das Rufen seines Volkes und seine Not gehört habe. Das ganze Volk, alle Frauen und Kinder haben sich in Jerusalem vor dem Tempel niedergeworfen, Asche auf ihr Haupt gestreut und Bußgewänder angelegt. In stürmischen Gebeten riefen sie zum Herrn, er möge doch nicht zulassen, dass man ihre Kinder raube, ihre Frauen als Beute verteile, die Städte ihres Erbbesitzes zerstöre und das Heiligtum entweihe und verwüste, zum Gespött für die Heiden. *Und der Herr hörte ihr Rufen und sah auf ihre Not. Das Volk fastete mehrere Tage lang in ganz Judäa und in Jerusalem vor dem Heiligtum des Herrn, des Allmächtigen.* (Jdt 4,13) „Die Not meines Volkes, die Feigheit unserer führenden Männer und die fixe Idee, dass ich die rettende Tat mit List, mit den Waffen der Frau und letztendlich mit dem Schwert vollbringen könnte – dieser Zwiespalt hat mir das Herz zerrissen", sagt Judit. „Aber ich habe keinen anderen Weg gesehen, als es zu tun."

Friedrich Hebbel, der sich 1839/40 mit dem Judith-Stoff (hier im Gegensatz zur Einheitsübersetzung der Bibel mit „th") auseinandergesetzt hat, knüpft genau an dieser inneren Zerrissenheit der „Gotteskriegerin" an. Bei dem damals 26-jährigen Dramatiker gehen all die Rechnungen der biblischen Judit mit Gott nicht mehr auf. Hebbel interessiert das Zusammenspiel oder vielmehr der Gegensatz von Innenleben und Außenwelt. Nach außen ist seine Judith die todesmutige Gottgläubige und Tyrannenmörderin. Nach innen ist sie von Selbstzweifeln geplagt. Zu deutlich spürt sie, wie ihr persönliches Drama sich mit dem vermengt, was sie allzu gern als „reinen" Auftrag Gottes sehen möchte. In der Einsamkeit ihres Gemachs fleht diese Judith im dritten Akt des Hebbel-Dramas ihren Gott an, dass er allein der Ursprung ihres Vorhabens sein möge: „Nur ein Gedanke kam mir, nur einer, mit dem ich spielte und der immer wiederkehrt; doch, der kam nicht von dir. Oder kam er von dir?"

Hebbels Judith weiß, dass das, was sie zu tun gedenkt, nur Gott rechtfertigen könnte. Aber genau an dieser Rechtfertigung, die auch im biblischen Buch Judit nicht zu finden ist, zweifelt und verzweifelt sie. Zwei Seelen wohnen in ihrer Brust, als sie in Mord und Totschlag verstrickt wird. Denn sie vollzieht diese Tat nicht nur, um ihr Volk zu retten, sondern auch, wie Hebbel es darstellt, um ihrer eigenen Existenz einen sinnstiftenden Grund zu geben. In ihrer Gebetspose, in ihrem Flehen zu Gott, dass er ihre Hand führen möge, sucht Judith die Rettung vor ihren eigenen Gedanken, die sie in ihrem Kopf nicht mehr ordnen kann. Mit Entsetzen und einem gleichzeitigen „Genau so habe ich das erlebt und empfunden" sieht die biblische Judit, wie sie in Hebbels Drama von der Heldin und Retterin des Volkes zu einem in Schuld verstrickten Individuum wird. Diese tragische Schuld, so schreibt Hebbel in der Skizze „Ein Wort über das Drama" (1843), entstehe dem Protagonisten unmittelbar aus dem Willen selbst, aus der „eigenmächtigen Ausdehnung" seines Ichs: „Gott will es so, ich bin nur sein Werkzeug."

Dieses über sich Hinausgreifen des Ichs im Namen des Höchsten gehört zum Psychogramm jedes Gotteskriegers. Der Auftrag in der Fatwa von Osama Bin Laden gilt ausdrücklich für „jeden Muslim". Aber dass dieser Auftrag aus einem Menschen einen Terroristen oder Selbstmordattentäter macht, dafür braucht es mehr. Eineinhalb Jahrhunderte vor 9/11, dem Angriff auf das World Trade Center in New York im Jahr 2001, illustriert Hebbels Drama, wie eine labile Seele „im Auftrag des Höchsten" zur Tat findet – Selbstbestätigung, irdischer Ruhm und ewiger Lohn inklusive. Die Seele von Hebbels Judith ist verwundet. Die kinderlose Witwe hat in einer Ehe gelebt, in der ihr Mann sie nicht angerührt hat. Jetzt will sie, die scheinbar schwache Frau, den Männern ihre Feigheit vor Augen führen. „Daher war mein Gebet", so sagt Judith selbst, „ein Untertauchen in Gott", weil sie anders keinen Halt und Sinn gefunden hat.

Ungeschminkt und in aller Härte spiegelt Hebbels Drama, wie das Innen und das Außen auseinanderbricht und jeden direkten kausalen Zusammenhang zwischen dem Handeln des Menschen und dem Eingreifen Gottes in die Geschichte widerlegt. Wenn Gott in diese Welt kommt, dann nicht so, dass er sich als ideologischer Überbau, als Mittel zum Zweck für die Rechtfertigung von Gewalt gebrauchen lässt. „Der Mensch kann nicht in den Krieg ziehen und meinen, Gott werde auf seiner Seite sein", hat der päpstliche Gesandte dem Präsidenten der Vereinigten Staaten vor dem Waffengang gegen den Irak vorgehalten. Für die biblische Judit wie für Hebbels Judith war das ein fernes Echo des Zweifels, den sie nie mehr in ihrem Leben losbekommen hat. Selbst die sogenannte Lehre vom gerechten Krieg, die später entwickelt wurde, war ein schmaler Grat, eine Hilfskonstruktion, die das Notwehrrecht völkerrechtlich dehnte. Bis zur Überdehnung?

„Ja, ich habe diese Verantwortung auf mich genommen", sagt Judit. „Aber mein Mord an Holofernes ist nicht so glatt als gottgewollte Heldentat der Gotteskriegerin durchgegangen, wie die führenden Männer meines Volkes das sahen und wie ich selbst es nur zu gern gesehen hätte. Letztendlich war es meine ganz persönliche Leidensgeschichte, für die ich den Auftrag Gottes als Rechtfertigung herbeibeten wollte. Am Ende stand ich ganz allein da mit dieser Last, die sich dumpf auf meine Seele legte. Bin ich ,die Hand Gottes' gewesen? Habe ich durch meine Tat den Krieg verhindert und damit dem Gott Jahwe gedient, von dem es im Buch Judit heißt, *dass du der Herr bist, der den Kriegen ein Ende setzt?* (Jdt 9,7b) Oder war ich doch nur die Frau, die von den irdisch Mächtigen als Mittel zum Zweck benützt wurde?"

Wenn Gott eingreift in diese Welt, das hatte Judit daraus gelernt, dann werden menschliche Maßstäbe nicht bestätigt, sondern in Frage gestellt. Der „Gott mit uns" lässt sich nicht darauf reduzieren, wie wir selbst den Lauf der Geschichte oder unseres persönlichen Lebens interpretieren. Gott bleibt fremd und verstörend, wenn er denn Gott ist und nicht die Projektion menschlicher Sehnsüchte und Machtgelüste. In der Bibel ist Gott zumindest noch ansatzweise mit Judit, wenn auch nicht konkret. Friedrich Hebbel hat diese Illusion durch seine am Selbstzweifel zerbrechende Judith zerstört. Der „Gott mit uns", den wir begriffen und zweckdienlich in unsere Argumentation eingebaut haben, ist kein Gott. Wenn Gott kommt, dann sprengt er den Rahmen dessen, was Menschen von ihm erwarten. Hebbels Judith ist an dieser Erkenntnis verzweifelt. Aber das hat die politischen und religiösen Machthaber nicht mehr interessiert. Die Frau hatte ihre Schuldigkeit getan.

MARIA

Eine Mutter lässt ihren Sohn gehen

Das Verhältnis von Maria und Jesus war bei aller
Liebe der Mutter zu ihrem Sohn und umgekehrt von
Spannungen geprägt. Zum ersten Mal treten sie offen zu Tage, als der Zwölfjährige bei der Wallfahrt
nach Jerusalem verloren geht – und seiner Mutter
eine unverständliche Antwort auf ihre Frage gibt:
Kind, warum hast du uns das angetan? Ähnlich ist es
bei der Hochzeit von Kana. (Lk 2,41–52; Joh 2,1–12)

Begonnen hatte es, als der Bub zwölf Jahre alt war. Da
durfte er zum ersten Mal mit ihr und Josef nach Jerusalem zum Paschafest pilgern. Das war sicher ein gro-
ßes Erlebnis für den jungen Jesus. Schließlich hatten
sie und Josef behutsam, aber doch in vielfacher Weise
versucht, ihm ein gläubiges Herz mit auf seinen Le-
bensweg zu geben. Nicht, weil das Brauch war und
von der ländlichen Gesellschaft in Nazaret anders gar
nicht wäre geduldet worden. Nein, sie selbst und
Josef hatten ihren eigenen Glauben so oft als hilfreich
und tröstend erlebt, dass sie diese positive Erfahrung

ihrem Kind nicht vorenthalten wollten. Wie nachhaltig diese religiöse Erziehung sein würde, hatten sie als Eltern ohnehin nicht in der Hand. Aber wenn nur ein bisschen etwas davon hängen blieb, war es die Mühe wert, davon war Maria zutiefst überzeugt.

Und nun das. Als sie auf dem Heimweg waren und vertrauensvoll davon ausgingen, dass Jesus irgendwo in der Gruppe sein würde, war er plötzlich verschwunden. Maria war voller Sorge, und sogar Josef, den nichts so schnell aus der Ruhe bringen konnte, runzelte die Stirn. Der Bub aus Nazaret, diesem Nest, wo jeder jeden kannte, ganz allein in der riesigen Stadt, in diesem ewigen Unruheherd und Zankapfel zwischen Völkern und Religionen! Noch dazu am Paschafest, an dem Jerusalem nicht nur von Pilgern überquoll, sondern auch von allerlei dubiosen und gefährlichen Gestalten, die sich ihren „Anteil" an dem Menschenauflauf holen wollten. Da konnte es nur heißen: Nichts wie zurück nach Jerusalem, je schneller, desto besser. Ohnehin war völlig unklar, wo sie anfangen sollten zu suchen. Am ehesten hätten sie noch gehofft, dass Jesus sich mit ein paar Gleichaltrigen in der Stadt herumtrieb. Aber außer ihm hatte in ihrer Pilgergruppe kein Kind gefehlt. Und besonders gesellig war ihr Junge auch nicht. Eher fand man ihn allein in der Werkstatt eine Figur schnitzen als mit den anderen dem Ball hinterher jagen. Eher schaute er nachdenklich in die unendliche Weite des Sternenhimmels, als dass er sich mit den Nachbarbuben gebalgt und einmal einem anderen eine Ordentliche übers Fell gezogen hätte.

Also ging Maria mit ihrem Mann dorthin zurück, von wo sie gekommen waren: in den Tempelbezirk. Gut möglich, dass der Zwölfjährige an den kleinen Souvenirläden Gefallen gefunden und die Zeit übersehen hatte. Anstatt sich dann allein auf den unsicheren Heimweg zu machen, war er dort geblieben, wohl wissend, dass seine Eltern schon nach ihm sehen würden. So fanden sie ihn schließlich im Tempel. Aber anstatt von Händlern, die an den Festtagen Wucherpreise für ihre zweitklassige Ware verlangten, war der Junge von Schriftgelehrten umgeben. Und anstatt dass er sie fragte über Gott und die Welt und das Gesetz des Mose, stellten sie ihm Fragen und waren völlig verblüfft über seine Antworten. Da kamen auch Maria und Josef nicht aus dem Staunen heraus. Die Schimpfkanonade, die sie völlig zu Recht hätten loslassen können, blieb ihnen im Hals stecken. Beinahe schon zaghaft, mehr besorgt als vorwurfsvoll, fragte Maria: „Kind, warum hast du uns das angetan?" Und wurde aus der Antwort erst recht nicht klug: *Warum habt ihr mich gesucht? Wusstet ihr nicht, dass ich in dem sein muss, was meinem Vater gehört?* (Lk 2,49) Was sollte denn das nun wieder heißen?! War das die freche Art eines pubertierenden Zwölfjährigen, auf die ihre Freundinnen sie schon eindringlich vorbereitet hatten? „Wirst schon sehen", hatten sie gesagt, aber Maria hatte ihnen nicht geglaubt. Es hatte bislang absolut keinen Anlass gegeben. Völlig zu Recht würde Lukas in seinem Evangelium schreiben: *Das Kind wuchs heran und wurde stark, erfüllt mit Weisheit und Gottes Gnade ruhte auf ihm.* (Lk 2,40)

Maria konnte auch jetzt nicht recht glauben, dass die Antwort, die Jesus ihnen gab, nur frech und trotzig gewesen sein sollte. Da war noch etwas anderes, das spürte Maria. Erstmals legte sich diese dumpfe Ahnung um ihr Herz, dass noch mehr Schmerzvolles auf sie zukommen könnte. Viel mehr. Als sie ihren Buben in dieser ganz anderen Welt unter diesen Schriftgelehrten sah, erinnerte sich Maria an die Worte des weisen Simeon. Diesen hatten Josef und sie im Tempel angetroffen, als sie ihren Erstgeborenen dem Herrn weihten und zwei Tauben als Opfer darbrachten. Der alte Mann hatte nur mehr darauf gewartet, ihr Kind zu sehen, das ein Licht für die Heiden und ein Heil für das Volk Israel sein werde. Jesus werde zum Zeichen, dem viele widersprechen würden, sagte Simeon. Dann folgte dieser Satz, der ihr immer so rätselhaft erschienen war: *Und deine Seele wird ein Schwert durchdringen.* (Lk 2,35a) Dieses Schwert spürte Maria jetzt erstmals in dieser Stunde der Sorge um ihren Sohn und in diesem irritierenden Zurückgewiesen-Werden durch ihren Zwölfjährigen.

Maria wusste damals noch nicht, wie schlimm es noch kommen sollte. Das Ende dieses Zwischenfalls, wie es Lukas aufschreiben sollte, klang versöhnlich und hoffnungsvoll: *Dann kehrte er mit ihnen nach Nazaret zurück und war ihnen gehorsam. Seine Mutter bewahrte all die Worte in ihrem Herzen. Jesus aber wuchs heran und seine Weisheit nahm zu und er fand Gefallen bei Gott und den Menschen.* (Lk 2,51–52) Ja, Maria war richtig stolz auf ihren prächtig heranwachsenden Jüngling. Dass ihm bald schon die Mädchen verträumt nachschauten, sah sie zwar noch nicht so gern. Aber das war der Lauf der Zeit. Soweit es an ihr lag, wollte sie eine gute Schwiegermutter werden und die beste Oma der Welt. Aber wann immer sie Jesus in dieser Hinsicht aus den Augenwinkeln betrachtete, schien er es nicht eilig zu haben. Im Gegenteil. Er blieb der ruhige, in sich verschlossene junge Mann, bei dem sogar seine Mutter manchmal rätselte, wo er denn nun schon wieder mit seinen Gedanken war. Er konnte so abwesend wirken, als ob er nicht ganz von dieser Welt wäre. Wie ein in sich gekehrter Jesuit, der mit seinem ganzen Intellekt daran arbeitete, diese Welt, die mit all dem Streit, der Gewalt und den Kriegen ganz offensichtlich eine Fehlkonstruktion war, auf einen besseren Weg zu bringen. Einen gottgefälligeren, wenn man so will, zumindest aber einen menschenwürdigeren.

Aber trotz dieser zeitweisen gedanklichen Absenz gab es nichts auszusetzen an ihrem Teenager, und sogar als Jesus bereits in den Zwanzigern war, hing der Haussegen in der Tischlerfamilie in Nazaret noch keineswegs schief. Wirklich ernst wurde die Lage erst, als der junge Mann nicht mehr nur im stillen Kämmerlein vor sich hin sinnierte, sondern öffentlich darüber zu reden begann. Von seinem Vater im Himmel, der ihn gesandt habe, von dem Reich Gottes, das die Propheten so lange schon vorausgesagt hätten und das jetzt – mit ihm?! – beginnen würde. Mehrere Male nahm Maria Jesus zur Seite, der jetzt erwachsen und selbstständig war, aber naturgemäß noch immer ihr Kind, und versuchte ihm gut zuzureden. Sie versuchte es mit der Sorge der Mutter, die ihm, da war sie sicher, nicht egal sein konnte. Sie versuchte es mit seiner Verantwortung gegenüber seinem Vater Josef, der voll darauf baute, dass Jesus den Betrieb übernehmen und weiterführen würde. Sie versuchte es mit der Vernunft, die einem sonnenklar sagte, dass jeder öffentliche Widerstand gegen die römischen Besatzer nicht nur kläglich scheitern musste, sondern den sicheren und grausamen Tod bedeutete. Die Weltmacht hat das in der Gestalt ihres persönlich unsicheren und deshalb politisch besonders harten Statthalters Pontius Pilatus zig-fach bewiesen: Wo sich auch nur andeutungsweise ein Aufruhr zusammenbraute, machten die Römer kurzen Prozess.

Aber sie zogen nicht, die Argumente der Mutter. Und dass der Versuch ihrer Familie, den jungen Ausreißer mit Gewalt zur Vernunft zu bringen, scheitern musste, war ihr von vornherein klar gewesen. Sie hat zwar mitgemacht bei der Aktion, weil ihr selbst auch nichts mehr eingefallen ist, was sie noch hätte tun können. Aber der Evangelist Markus sollte das Desaster ganz richtig schildern, das sie erlebten, als sie Jesus aus dem Haus herausrufen wollten, in dem er lehrte: *Es saßen viele Leute um ihn herum, und man sagte zu ihm: Siehe, deine Mutter und deine Brüder stehen draußen und suchen dich. Er erwiderte: Wer ist meine Mutter und wer sind meine Brüder? Und er blickte auf die Menschen, die im Kreis um ihn herumsaßen, und sagte: Das hier sind meine Mutter und meine Brüder. Wer den Willen Gottes tut, der ist für mich Bruder und Schwester und Mutter.* (Mk 3,32–35) Da war er wieder, dieser Widerstandsgeist, den sie von ihrem Zwölfjährigen kannte – und von dem sie so sehr gehofft hatte, dass sich das nach der Pubertät wieder legen würde. So hatten es ihre Freundinnen stets beteuert: „Mach dir nichts draus, Maria, diese paar Jahre gehen vorbei und dann wird euer Jesus wieder der gleiche vernünftige Junge sein, der er immer gewesen ist."

Da hatten sie sich getäuscht. Und Maria mit ihnen. Jesus war nicht zum Tischler in Nazaret geboren. Woher immer er diesen „Auftrag", auf den er sich berief, zu haben meinte: Er wollte mehr, er glaubte an mehr und er begann jetzt um die 30 eine ungeheure Hoffnung zu versprühen, dass es möglich sein werde. Maria wusste, dass es da kein Zurück mehr gab. Josef hing noch der Hoffnung nach, dass diese Flausen schon wieder vergehen würden. Aber das war zu rational gedacht. Als Mutter kannte sie ihren Sohn schon lange von dieser anderen Seite, die jetzt mit aller Kraft zum Durchbruch kam. Keine Angst vor den Römern und keine Gemeinheit, ja Grausamkeit der Menschen – und davon würde er noch viel zu spüren bekommen, das ahnte Maria – konnten Jesus von seinem Weg abhalten.

Was blieb ihr also übrig, als mitzugehen, soweit ihr das überhaupt möglich war und – vor allem – soweit Jesus das zuließ. Immerhin einmal hat sie erfahren dürfen, dass ihr Sohn sich dessen bewusst war, was er seiner Mutter abverlangte. Das war bei der Hochzeit von Kana. Da war den Brautleuten der Wein ausgegangen. Der Super-GAU einer Hochzeitsfeier! Maria taten die jungen Leute leid. Und deren Eltern. Sie wusste, dass Jesus helfen konnte. Sie wusste nicht genau wie, aber er hatte eine Art, die Unwahrscheinliches in Gang brachte. Später sollten die Leute vom „Wunder zu Kana" reden. „Aber nein, so einfach war die Sache nicht", betont Maria. „Selbst wenn mein Sohn das gekonnt hätte, hätte er es nicht getan." Er war kein Zauberer, der Wasser in Wein verwandelte. Er wollte mehr. Er wollte die Menschen verwandeln.

Seine große Kunst war es, hier und jetzt im Handumdrehen eine Welle der Hilfsbereitschaft in Gang zu setzen. Es genügte, dass sie den Dienern sagte: „Was er euch sagt, das tut!" Damit kam der neue Wein beinahe wie von selbst herbei. Das war so ähnlich wie bei der „wunderbaren" Vermehrung der zwei Fische und fünf Brote, von denen 5000 Menschen satt geworden sind. Selbst wenn Johannes in Kapitel 6 seines Evangeliums mit der Zahl ein wenig übertrieben haben sollte: Es waren sehr viele, das hatte man immer so erzählt. Und sie alle sind satt geworden, weil Jesus wie ein Katalysator des Guten ein „Wunder" gewirkt hat. Wo zuerst jeder nur auf sich geschaut hatte, war plötzlich genug für alle da.

Maria war froh, dass sie sich in Kana – wie schon damals im Tempel – nicht von der ersten abweisenden Reaktion ihres Sohnes hat abschrecken lassen. Im Tempel hatte er mit dem Auftrag seines Vaters argumentiert. Dieses Mal war die Antwort deutlich schroffer. Auf ihren Hinweis, sie haben keinen Wein mehr, erwiderte Jesus: *Was willst du von mir, Frau? Meine Stunde ist noch nicht gekommen.* (Joh 2,4) Das tat weh, so wie es jeder Mutter wehgetan hätte. Aber Maria hatte sich an diese etwas raue Schale gewöhnt. Sie wusste, dass sich dahinter ein Herz voller Güte und Menschenfreundlichkeit verbarg. Vielleicht musste Jesus sich gerade deshalb manchmal mit diesem Schutzpanzer umgeben, weil sonst alles auf ihn hereingestürzt wäre. Er wollte die Welt retten, ja, aber er musste auch seine eigene verletzliche Seele schützen – war er doch ganz Mensch, wie die Dogmen der Kirche bezeugten. „Auf das Ergebnis kommt es an", dachte Maria. „Ich weiß, dass ich mich auf ihn verlassen kann." So wie der Zwölfjährige wieder mit ihnen heimgekehrt war, würde sich Jesus auch jetzt ihre Worte zu Herzen nehmen – seiner abweisenden Antwort zum Trotz.

Immer klarer wurde Maria aber, dass das alles nur der Beginn eines langen, dornenvollen Weges sein würde. Von den „Sieben Schmerzen Mariens" sollte die Volksfrömmigkeit später reden. Die Prophezeiung des Simeon erfüllte sich je mehr, je länger Jesus öffentlich auftrat, mit den Mächtigen in Widerstreit geriet und damit – eine Mutter konnte das mit Händen greifen – unweigerlich ins Verderben lief. Es war ein ungleicher Kampf, Maria wusste es. Genauso wie sie wusste, dass ihr Sohn nicht anders konnte, als diesen Weg zu gehen. Für Jesus galt, was später der Schreiber des zweiten Briefes an Timotheus so einzigartig über sich formuliert hat: *Ich habe den guten Kampf gekämpft, den Lauf vollendet, die Treue bewahrt.* (2 Tim 4,7)

Jesus hat den guten Kampf gekämpft. Das war das Quantum Trost, das Maria zeit ihres Lebens aufgerichtet hat.

JUDAS

Ein Mann hat einen Plan

Im Evangelium nach Matthäus wird berichtet, dass Judas seinen Meister durch einen Kuss verraten habe. Der Jünger soll für 30 Silberstücke Kopfgeld die Soldaten auf den Ölberg geführt und ihnen dort Jesus gezeigt haben. Als er mit ansehen musste, dass Jesus zum Tode verurteilt wurde, bereute Judas seine Tat und erhängte sich. (Mt 26,14-16.47-50; 27,3-5)

30 Silberlinge waren in Ordnung. Beim Geld kannte Judas sich aus. Die Herren im Hohen Rat wären schlecht beraten gewesen, hätten sie versuchen wollen, ihn übers Ohr zu hauen. Außerdem, darum ging es nicht. Judas hatte genug zum Leben. Wenn er es auf Reichtum abgesehen hätte, wäre ihm das ein Leichtes gewesen. Nur hätte er sich dann nicht der Jesus-Bewegung anschließen dürfen. Dort galt, dass eher ein Kamel durch das Nadelöhr käme, das kleinste Tor in der Jerusalemer Stadtmauer, als ein Reicher in das Himmelreich. Das war eine starke Ansage. Genauso wie die Auskunft, die Jesus dem

reichen jungen Mann gegeben hatte auf die Frage, was ihm noch fehle, um in das Himmelreich zu kommen. Jesus sagte: „Gehe hin und gib dein Geld den Armen." Da wandte sich der Jüngling traurig ab. Für Judas ein typisches Beispiel dafür, was er so sehr an Jesus bewunderte: Dass er nie moralisierte, dass er nie sagte: „Ihr müsst dies oder das tun." Was er aber aufzeigte, waren die Folgen des jeweiligen Handelns.

Die 30 Silberlinge waren daher bestenfalls für die Buchhaltung. Was Judas tatsächlich wollte, war, dass Jesus endlich Klarheit schaffte. Er hatte hohen Respekt vor seinem Meister. Auf seine Art liebte Judas diesen Jesus. Aber es ging ihm schon lange auf den Wecker, dass der Rabbi nicht endlich klaren Tisch machte und zeigte, wer er war: der Messias, der Sohn Gottes, der sein Volk aus der Knechtschaft der Römer befreien und an neue Ufer führen sollte. Denn dass Jesus der Messias war, stand für Judas außer Zweifel. Er war einer der Jünger, die am meisten daran glaubten. Er war keiner wie Petrus, der das eine Mal hellauf begeistert von Jesus war und dann wieder zögerlich und zauderhaft bis hin zum Verrat. Er war keiner wie dieser Softie Johannes, der sich in der Rolle des Lieblingsjüngers gefiel. Nein, Judas stand – wenn man das einmal mit einem geflügelten Wort ausdrücken wollte – wie ein Mann zu Jesus. Ohne Ausflüchte, ohne Wenn und Aber, ohne feiges Verleugnen. Und er war entschlossen zu handeln.

„Amos Oz, der jüdische Schriftsteller, der sich viel mit meiner Person auseinandersetzen sollte, hat es ganz richtig auf den Punkt gebracht", sagt Judas. „Ja, ich wollte die Entscheidung erzwingen." Jesus sollte endlich hinaufgehen nach Jerusalem, nicht um dort zu sterben, wie er immer so irritierend daherredete, sondern um das Blatt zu wenden. Dann würden sie schauen, die Zweifler und die Gegner und die, die Jesus nach dem Leben trachteten, um diesen Unruhestifter endlich loszuhaben. Judas war überzeugt, dass Jesus sich genau auf dem Höhepunkt seiner vermeintlichen Niederlage als der große Sieger erweisen würde. Er würde als Messias vom Kreuz herabsteigen und dann würden alle, so wie der römische Hauptmann, bekennen: „Wahrlich, dieser ist Gottes Sohn."

Nie im Leben hätte Judas auch nur einen Augenblick daran gedacht, dass dieses Kalkül nicht aufgehen könnte. Aber eines war auch klar, und darüber sollte sich die Nachwelt gefälligst ihre Gedanken machen: Nur sein Handeln, nur sein „Verrat", wie es dann Jahrtausende lang heißen sollte, hat den Gang der Erlösung weitergebracht. Wer weiß, ob Jesus selbst es jemals „Spitz auf Knopf" hätte ankommen lassen?! Wenn es denn einen Vorwurf gab, den man ihm später gerechterweise hätte machen können, dann nur den: Dass er zu ungeduldig gewesen sei. Dass er mit dem Kopf durch die Wand wollte. „Ja, ich hatte einen Plan", sagt Judas in dem gleichnamigen Stück der niederländischen Autorin Lot Vekemans. „Ich wollte nicht, dass er stirbt, ich wollte ihn wachrütteln. Ich wollte, dass er selbst Rom erreichte, als König der Juden. Ich wollte nicht länger zum Volk der Unterdrückten gehören, der Opfer. Ich wollte zu den Herrschern gehören."

Allein dieser Satz zeigt freilich, dass Judas den Weg, den Jesus bewusst gehen wollte, in seinem Kern nicht verstanden hat. Aber was wäre die Alternative gewesen? Und überhaupt: „Nur wer nicht handelt, kann auch nicht schuldig werden", ließ ihn Vekemans sagen. Und: „Ich bin kein Mann, der lange zweifelt. Wer lange zweifelt, hat Angst." Judas wollte, so war es nun einmal seine Art, auf einen Schlag alles klar machen. Zuerst elendiglich am Kreuz verrecken und dann nach drei Tagen auferstehen – das war ihm entschieden zu kompliziert. Vor allem war es ihm zu wenig spektakulär, es hätte zu wenig öffentliches Aufsehen erregt und am Ende nicht wirklich überzeugend gewirkt. „Das hat man dann ja gesehen", sagt Judas, „was alles an Gerüchten herumgeschwirrt ist, nachdem die Jüngerinnen und Jünger behauptet haben, Jesus sei von den Toten auferstanden." Dass der Leichnam heimlich gestohlen worden sei, um keinen Totenkult um den endlich erfolgreich beseitigten

Möchtegern-Messias entstehen zu lassen. Oder dass das Grab, wie es spätere Theologinnen und Theologen behaupten sollten, gar nicht leer gewesen sei, weil es historisch nicht nachweisbar sei und ein leeres Grab ohnehin nicht als Beweis für die Auferstehung getaugt hätte.

Alle diese Unwägbarkeiten wollte Judas ausschließen. Er wollte alles – und erreichte nichts. Im Gegenteil, er ist als der große Verräter in die Geschichte eingegangen. Sein Name wurde geradezu das Synonym dafür. Wer einen anderen „Judas" nannte, beschimpfte ihn als Verräter. Amos Oz hat das auf den Punkt gebracht: „In meinen Augen hat keine andere jemals von Menschen erzählte Geschichte ein solches Ausmaß an Hass, Verfolgung und Mord entfesselt." In der Geschichte des westlichen Denkens sei Judas der ultimative Verräter, der hässlichste, gemeinste, unehrlichste, widerwärtigste, gierigste Mensch, den man sich vorstellen könne. In jedem europäischen Wörterbuch bedeute das Wort „Judas" schlicht und einfach „Verräter". Wenn man unter „Judas" nachschlage, finde man in jeder europäischen, in jeder christlichen Sprache den Begriff „Verräter". Wer einen anderen „Judas" nenne, spucke ihm ins Gesicht.

Das Fazit von Amos Oz: „In meinen Augen ist die Geschichte von Judas in den Evangelien gleichsam das Tschernobyl des christlichen Antisemitismus der vergangenen zweitausend Jahre. Diese Geschichte verseucht das Verhältnis zwischen Juden und Christen seit Jahrtausenden." In Mexiko beispielsweise werden noch heute zu Ostern Judaspuppen öffentlich verbrannt, und in manchen Ländern ist es noch immer gesetzlich verboten, Neugeborene Judas zu nennen. „Judas wird von Menschen verhöhnt, damit sie ihre eigenen Seelen reinwaschen. Es ist auffällig, dass in Porträts, die über die Jahrhunderte entstanden sind, Judas immer hässlicher und böser dargestellt wurde", sagt die Autorin Lot Vekemans über ihr Ein-Personen-Stück „Judas".

Blieb also nur der Strick? Nein, Judas hätte so wie Petrus die Möglichkeit gehabt, hinzugehen und bitterlich zu weinen. Aber etwas verniedlichen, verharmlosen oder gar abstreiten wollte er nicht. Für Judas gab es nur kalt oder heiß, schwarz oder weiß. Alle Zwischentöne waren ihm suspekt. Dann lieber ganz Schluss machen, als ein Leben lang mit dieser Schande des Verrats zu leben, den er so nicht gewollt hatte. Mit diesem für ihn und für alle katastrophalen Ergebnis. An diesem Punkt war sein Glaube überfordert. Das war schlichtweg zu viel. Das konnte nicht einmal mehr Jesus verzeihen, der zu seinen Lebzeiten nie einen Menschen verurteilt hatte. Judas wollte sich für den Weg, den er selbst letztendlich gegangen ist, nicht rechtfertigen. Nur dieses Eine wollte er der Nachwelt ins Stammbuch schreiben, das ihm die Theaterautorin so trefflich und knapp in den Mund gelegt hat:

„Ich habe alle Schuld auf mich genommen." Alles, was jemals an Schuld am Tod Jesu thematisiert wurde, hat sich in seiner Person kristallisiert. „Judas" und „die Juden" sind die Synonyme für „Jesus-Mörder" geworden. Aller geschichtlichen Wahrheit zum Trotz, dass allein der römische Statthalter Pontius Pilatus das Todesurteil fällen konnte und das auch getan hat. Dass er dabei seine Hände „in Unschuld wusch", hatte rechtlich und faktisch keinerlei Bedeutung.

Zweitausend Jahre lang sollte die Nachwelt nicht bereit sein, so differenziert zu denken. Der Antijudaismus lag im Christentum von Anfang an in der Luft. „Judas, der Verräter" passte haarscharf in dieses verhängnisvolle Bild. Erst mit dem Zweiten Vatikanischen Konzil kamen die Juden als „die älteren Brüder im Glauben" in den Blick. Und erst im Heiligen Jahr 2000 hat Papst Johannes Paul II. in seiner großen Vergebungsbitte formuliert: „Gott unserer Väter, du hast Abraham und seine Nachkommen auserwählt, deinen Namen zu den Völkern zu tragen: Wir sind zutiefst betrübt über das Verhalten aller, die im Laufe der Geschichte deine Söhne und Töchter leiden ließen. Wir bitten um Verzeihung und wollen uns dafür einsetzen, dass echte Brüderlichkeit herrsche mit dem Volk des Bundes."

„Bin damit auch ich endlich rehabilitiert?", fragt sich Judas. Er war sich nicht sicher. Aber er hoffte es.

PAULUS

Ein Eiferer leistet Widerstand

Die urchristliche Gemeinde in Jerusalem war der Meinung, dass alle, die Christen werden wollten, zunächst das Gesetz des Mose erfüllen müssten, insbesondere die Beschneidung und die Reinheitsvorschriften. Als „Völkerapostel" ist Paulus dagegen aufgetreten. Entscheidende Beschlüsse wurden beim Apostelkonzil in Jerusalem gefasst. In Antiochien ist Paulus dem Petrus ins Angesicht widerstanden. (Apg 8,1–3; 9,1–31; 15,1–29; Gal 2,1–10)

„Stimmt", sagt Paulus, „ich bin zeit meines Lebens ein Eiferer gewesen. Ich würde gern für mich in Anspruch nehmen, dass es der ‚heilige Zorn' war, der mich geleitet hat. Aber ich gebe zu: Kein Mensch handelt allein aus reinen, edlen Motiven. Es ist immer ein Zusammenspiel mehrerer Beweggründe, die uns leiten. Bei mir war es zum einen die ehrliche Überzeugung, für die richtige oder gar gerechte Sache zu kämpfen. Es waren aber auch Stolz und der überhebliche Anspruch im Spiel, in besonderer

Weise auserwählt zu sein. Von Gott selbst. Ich habe ernsthaft gemeint, Gottes Willen zu vollziehen, wenn ich die Anhänger dieses Jesus mit aller Härte des Gesetzes verfolgte. Daher war ich einverstanden, als sie diesen Stephanus steinigten, der sich vor die Leute hingestellt und behauptet hat: *Ich sehe den Himmel offen und den Menschensohn zur Rechten Gottes stehen.* (Apg 7,56) Die Lehre des Jesus von Nazaret war gefährlich, daran hatte ich keinen Zweifel. Nicht umsonst haben unsere religiösen Obrigkeiten den römischen Statthalter Pilatus mit allen Mitteln gedrängt, den Mann ans Kreuz zu bringen. Es war dringend geboten, diesen politischen und religiösen Aufruhr im Keim zu ersticken. Man sollte freilich nicht alles wörtlich nehmen, was Lukas in seiner Apostelgeschichte über mich geschrieben hat: *Saulus aber versuchte die Kirche zu vernichten; er drang in die Häuser ein, schleppte Männer und Frauen fort und lieferte sie ins Gefängnis ein.* (Apg 8,3) Das war nun doch ein wenig übertrieben. So viel Macht hatte ich auch wieder nicht. Richtig ist, dass ich mit Blindheit geschlagen war und deshalb vom Hohepriester sogar einen Freibrief erbeten habe, um die Anhänger dieses neuen Weges auch in Damaskus festnehmen zu können. Ich wollte nichts unversucht lassen, um diesem Treiben so schnell wie möglich ein Ende zu bereiten.

Bis ich, wie vom Blitz getroffen, völlig verwandelt wurde. Das Wunder, ich kann es nicht anders nennen, ereignete sich just auf dem Weg zu der geplanten Strafaktion in Damaskus. Wiederum hat Lukas es aufgeschrieben: *Unterwegs aber, als er (Paulus) sich bereits Damaskus näherte, geschah es, dass ihn plötzlich ein Licht vom Himmel umstrahlte. Er stürzte zu Boden und hörte, wie eine Stimme zu ihm sagte: Saul, Saul, warum verfolgst du mich?* (Apg 9,3–4) Später sollten Halb- und Ungläubige ein wenig darüber ätzen, so nach dem Motto: Naja, der Saulus hat es leicht gehabt, sich zum Paulus zu bekehren. Da hat Gott direkt eingegriffen, so ähnlich wie beim ungläubigen Thomas, dem Jesus extra erschienen ist, damit er glauben konnte. Aber nein, Schwestern und Brüder, da muss ich euch korrigieren! So einfach war das mit meiner Bekehrung vom Saulus zum Paulus auch wieder nicht. Dass der Blitz mich getroffen habe und Jesus selbst mit mächtiger Stimme aus dem Himmel gesprochen habe, sind schöne Bilder, in denen Lukas meine Bekehrung dargestellt hat. Es hat mich aber einen enormen denkerischen und argumentativen Aufwand gekostet, bis ich begriffen habe, was es mit dem Gesetz des Mose auf der einen und der Freiheit der Kinder Gottes auf der anderen Seite auf sich hat. Lange Zeit konnte ich nicht zusammenbringen, was ich in meiner Tradition gelernt hatte und wie dieser Jesus das alles in

Frage gestellt und das Unterste nach oben gekehrt hat. Zum Beispiel, wenn er sagte: *Der Sabbat ist für den Menschen gemacht, nicht der Mensch für den Sabbat. Deshalb ist der Menschensohn Herr auch über den Sabbat.* (Mk 2,27–28)

Das war starker Tobak. Jesus behauptete nicht mehr und nicht weniger, als dass er allein das Gesetz des Mose richtig auslegen würde. Aber im Ernst: Sobald ich das auch nur ansatzweise begriffen hatte, war ich wie ausgewechselt. Zumindest, was meine religiösen Überzeugungen betraf. Nicht in meinem Charakter, da bin ich derselbe geblieben. Ein Eiferer und Überzeugungstäter. Aber vielleicht ist das, wenn ich den Lauf der Dinge ein wenig zu meinen Gunsten deuten darf, der Plan der Vorsehung gewesen. Es brauchte in der jungen Christengemeinde jemanden, der nicht im innersten Kreis der Jüngerinnen und Jünger von Jesus groß geworden war. Es gab da einen Jerusalemer Klüngel, der sehr in der Tradition verhaftet war und genau zu wissen glaubte, wie es mit dem Christentum weitergehen sollte. Was fehlte, waren Leute, die über diesen Tellerrand hinaussahen. Dazu gehörten Barnabas, mein Begleiter, und – das darf in aller Bescheidenheit gesagt werden – ich.

Als ,Völkerapostel', wie ich später genannt wurde, hat es mir der Auftrag von Jesus am Ende des Matthäusevangeliums angetan: *Darum geht und macht alle Völker zu meinen Jüngern; tauft sie auf den Na-*

men des Vaters und des Sohnes und des Heiligen Geistes und lehrt sie, alles zu befolgen, was ich euch geboten habe. (Mt 28,19–20a) Das war meine Berufung. Die musste über kurz oder lang zum Konflikt mit der Urgemeinde in Jerusalem führen. Ausgelöst haben den Streit, wie es noch so oft in der Kirchengeschichte geschehen sollte, ein paar selbst ernannte Bewahrer der rechten Lehre. Diese wollten den Christen in Antiochia vorschreiben, dass sie sich nach dem Brauch des Mose müssten beschneiden lassen. Sie hätten also zuerst Juden werden müssen, um Christen werden zu können.

Ohne mich! Aus meiner Sicht ging es in dieser Frage ums Eingemachte für die globale Entwicklung des Christentums. Daher wurde ‚nach großer Aufregung und heftigen Auseinandersetzungen' beschlossen, dass Barnabas und ich wegen dieser Streitfrage zu den Aposteln und den Ältesten nach Jerusalem hinaufgehen sollten: zum ersten Apostelkonzil. Dort stand Petrus – auch das sollte sich noch vielfach in der Kirchengeschichte wiederholen – selbst bereits stark unter Druck. Der Vorwurf lautete, er habe das Haus von Heiden betreten und mit ihnen gegessen – eine klare Verletzung der jüdischen Reinheitsvorschriften. Es wurde neuerlich heftig gestritten, aber erfreulicherweise hat Petrus nicht klein beigegeben. Er betonte, dass Gott schon längst entschieden habe, dass auch die Heiden zum

Glauben gelangen sollten und man ihnen keine unnötigen Lasten auferlegen dürfe.

So weit, so gut. Aber wie nach jedem Konzil – das Zweite Vatikanische Konzil 1962 bis 1965 sollte ein Klassiker dafür werden – war auch bei diesem Ersten Apostelkonzil die Auslegung der Beschlüsse nicht eindeutig. Ich selbst schrieb an meine Galater, dass die ‚Angesehenen‘ in Jerusalem uns ‚nichts‘ auferlegt hätten. *Nur sollten wir an die Armen denken; und das zu tun, habe ich mich eifrig bemüht.* (Gal 2,10) Damit konnte ich leben. An die Armen zu denken, hatte nichts mit Gesetzesvorschriften zu tun, sondern war ein urchristlicher Auftrag. Der Bericht des Lukas in der Apostelgeschichte klang aber deutlich einschränkender. Die Einigung, die wir aus meiner Sicht auf dem Apostelkonzil erreicht hatten, war damit wieder in Frage gestellt. Es kam zu einer neuerlichen Konfrontation, dem berühmten ‚antiochenischen Zwischenfall‘. Ich bin, wie es später zum geflügelten Wort werden sollte, dem Petrus ins Angesicht widerstanden. Der hatte sich nach seiner anfänglichen Offenheit wieder auf die restriktive Lesart unserer Beschlüsse zurückgezogen.

Für mich war das ein klares Abweichen ‚von der Wahrheit des Evangeliums‘. Mit allen meinen rhetorischen Mitteln – die waren nicht wenige, wie man auch aus meinen Briefen ersehen kann – stellte ich Petrus zur Rede: nicht die Werke des Gesetzes zählten, sondern allein der Glaube! Das hat gesessen und war, wie ich mit ein wenig Stolz sagen darf, ein historisches Ereignis. ‚Dem Petrus ins Angesicht widerstehen' ist für die ganze Kirchengeschichte vorbildlich geworden. Noch im 20. und 21. Jahrhundert haben sich christliche Theologinnen und Theologen darauf berufen, wann immer sie dem Nachfolger des Petrus in Rom widerstanden. Das größte Aufsehen hat in dieser Hinsicht die ‚Kölner Erklärung' vom 6. Januar 1989 unter dem Titel ‚Wider die Entmündigung – für eine offene Katholizität' erregt. Mehr als 220 Theologen aus Deutschland, Österreich, der Schweiz und den Niederlanden haben erklärt, sie würden sich verpflichtet sehen, ‚öffentlich Kritik zu üben, wenn das kirchliche Amt seine Macht falsch gebraucht, so dass es in Widerspruch zu seinen Zielen gerät'. Das war echt paulinisch, wenn ich so sagen darf! Nur mit der gewählten Vorgangsweise war ich nicht besonders glücklich. Besser, wenn auch unendlich viel schwieriger, wäre es gewesen, das direkte Gespräch zu suchen. Am besten in einem öffentlichen Forum, so wie wir es beim Apostelkonzil getan haben. Von Angesicht zu Angesicht. Aber da hätten auch die in Rom mitmachen müssen, so wie es die Ältesten in Jerusalem bei unserem Konzil getan haben.

Faule Kompromisse, wie sie bei Konzilien häufig vorkamen, waren nicht meine Sache, ich war immer für ein klares Wort, wie es Jesus gelehrt hat: Eure Rede sei ja, ja, nein, nein. Als Saulus hatte ich aber den verhängnisvollen Fehler begangen, dass ich die Gesetzesvorschriften wortwörtlich nahm. Die Folge war diese unverzeihliche Härte gegen die Jesus-Anhänger. Erst nach meiner Bekehrung ist mir ein Licht aufgegangen: Der Buchstabe tötet, der Geist macht lebendig! Langsam habe ich begriffen, was ihr in Kapitel 5 des Matthäusevangeliums nachlesen könnt: Dieses ‚Ich aber sage euch!‘, das Jesus so eindringlich betont hat. Etwa zum Töten: *Ihr habt gehört, dass zu den Alten gesagt worden ist: Du sollst nicht töten; wer aber jemanden tötet, soll dem Gericht verfallen sein. Ich aber sage euch: Jeder, der seinem Bruder auch nur zürnt, soll dem Gericht verfallen sein.* (Mt 5,21–22) Oder zum Ehebrechen: *Ihr habt gehört, dass gesagt worden ist: Du sollst nicht die Ehe brechen. Ich aber sage euch: Jeder, der eine Frau ansieht, um sie zu begehren, hat in seinem Herzen schon Ehebruch mit ihr begangen.* (Mt 5,27–28)

Könnte ich euch, liebe Schwestern und Brüder im 21. Jahrhundert, einen Brief schreiben, dann würde ich euch ins Stammbuch schreiben, wie leicht ihr es habt – ganz ohne ‚Damaskus-Erlebnis‘. Ihr braucht nur auf Papst Franziskus schauen. Der hat es begriffen. Er ist wie Jesus ein Freund der Menschen, ohne dass er allen nach dem Mund redet. 2013 hat dieser Papst in einer Predigt dieses schöne Wort geprägt:

Wenn es einen Personalausweis für Christen gäbe, dann wäre dort die Freiheit als unveränderliches Kennzeichen eingetragen. Eine Freiheit, die nicht in Willkür ausartet, die aber den Menschen keine unnötigen Lasten auferlegt. Die Freiheit der Christenmenschen."

MENSCHEN

ADAM

Der Mann ist schuld – wer sonst?

Adam hat das Paradies verloren, weil er von dem verbotenen Baum der Erkenntnis gegessen hat. Die Ausrede auf seine Frau hat ihm nichts geholfen. In der Liturgie der Osternacht ist von der Schuld des Adam die Rede. Durch den ersten Menschen sind Sünde und Sterblichkeit in die Welt gekommen – aber auch die Freiheit und die Fähigkeit zur Entscheidung. (Gen 3,1–24)

Adam hätte es wissen müssen. Am Ende ist alles an ihm hängen geblieben. Dabei hatte es für ihn, den Mann, über Jahrhunderte und Jahrtausende ganz gut ausgeschaut. Schon im ersten Brief an Timotheus hieß es: *Eine Frau soll sich still und in voller Unterordnung belehren lassen. Dass eine Frau lehrt, erlaube ich nicht, auch nicht, dass sie über ihren Mann herrscht; sie soll sich still verhalten. Denn zuerst wurde Adam erschaffen, danach Eva. Und nicht Adam wurde verführt, sondern die Frau ließ sich verführen und übertrat das Gebot.* (1 Tim 2,11–14) Die patriarchal geprägten Gesellschaften haben sich süffisant an „der Eva" abgeputzt. Sie, „die Verführerin", hat ihn, den unschuldigen Mann, und damit die ganze Menschheit ins Verderben gestürzt. Noch Anfang des scheinbar so aufgeklärten 21. Jahrhunderts musste sich eine Frau, die sexuelle Belästigung oder eine Vergewaltigung zur Anzeige bringen wollte, fragen lassen, ob sie vielleicht einen zu kurzen Rock oder ein Kleid mit einem zu tiefen Ausschnitt getragen habe. Selbst in der MeToo-Debatte schwang unterschwellig mit, ob es sich die Frauen nicht am ehesten selbst zuzuschreiben hätten, wenn sie von Männern schamlos ausgenützt und belästigt wurden. Eva war schuld – dieser massive sexistische Verdacht zog sich wie ein roter Faden durch die Geschichte. Dazu hat die biblische Erzählung von Adam und Eva durch ihre Wirkungsgeschichte im Judentum und Christentum viel beigetragen. Schon der Kirchenschriftsteller Tertullian wusste im zweiten Jahrhundert, warum Eva die erste Adressatin des Versuchers gewesen sei: Der Satan sei schlau genug gewesen, sich in Gestalt der Schlange an Eva heranzumachen. Denn die Frau sei schwächer und leichter verführbar. An Adam dagegen hätte sich Satan die Giftzähne ausgebissen …

Die christliche Liturgie der Osternacht sieht das allerdings ganz anders. Hier wird Adam keineswegs aus der Schuld genommen. Im Gegenteil. Es ist ausdrücklich nicht von Eva die Rede, sondern von der seligen Schuld Adams: „O wahrhaft heilbringende Sünde des Adam, du wurdest uns zum Segen, da Christi Tod dich vernichtet hat. O glückliche Schuld, welch großen Erlöser hast du gefunden!" Das klingt ein wenig sophisticated und ist tatsächlich so etwas wie höhere Theologie. Deren Logik funktioniert so: Weil Adam gegen das Gebot Gottes verstoßen und damit die ganze Menschheit ins Verderben gestürzt hat, musste Gott seinen Sohn als Erlöser in die Welt entsenden. Diese Großtat der Barmherzigkeit Gottes wäre nicht notwendig, ja gar nicht möglich gewesen, wenn Adam nicht gesündigt hätte. Dann hätte die Welt keinen Erlöser gebraucht. Thomas von Aquin (1225–1274), ein Großmeister christlicher Theologie, meinte dazu, Gott erlaube das Böse, weil er daraus etwas Besseres könne entstehen lassen. Daher werde bei der Segnung der Osterkerze gesagt: O selige Schuld, die es verdiente, einen derartig großen Erlöser zu haben!

Aber kann das die Logik Gottes sein, dass zuerst ein riesiges Unglück passieren muss, damit dann eine umso glorreichere Erlösung in die Wege geleitet werden kann? Hätte Adam überhaupt in Versuchung geraten können, wenn Gott es nicht zugelassen hätte? Warum hat es im Paradies, in dem die Welt doch so war, wie Gott sie laut dem ersten Schöpfungsbericht der Bibel für gut befunden hat (Gen 1), dieses komische Verbot gegeben: *Von allen Bäumen des Gartens darfst du essen, doch vom Baum der Erkenntnis von Gut und Böse darfst du nicht essen; denn am Tag, da du davon isst, wirst du sterben.* (Gen 2,16–17) „Das ist alles schwer zu begreifen, was den Schöpfungsplan Gottes geleitet hat", sagt Adam. Andererseits hat Gott sich von Anfang an voll und ganz zum Menschen bekannt, wiewohl er wissen musste, was dabei schiefgehen würde. So bezeugt es Sure 2,28–33 im Koran. Als Gott seinen Engeln ankündigt, dass er einen Stellvertreter auf Erden bestellen werde, entgegnen diese entsetzt: *Willst du auf ihr einen bestellen, der auf ihr Unheil stiftet und Blut vergießt, wo wir doch dein Lob preisen und deine Heiligkeit rühmen?* (Sure 2,30) Gott aber stand zum Menschen und befahl seinen Engeln sogar: *Werft euch vor Adam nieder.* (Sure 2,34)

Warum es dann doch so gekommen ist, wie es die Engel im Koran vorausgesehen haben, darauf wusste Adam keine Antwort. Sein kleiner Fehltritt konnte es nicht gewesen sein, oder doch? Am ehesten konnte sich Adam mit dem Sprichwort anfreunden: Ein bisschen schwanger gibt es nicht. Vielleicht traf das auch auf die Freiheit zu. Ein bisschen Freiheit gibt es nicht. Wenn Gott ihm und Eva die Freiheit gegeben hatte, sich gegen sein Verbot zu entscheiden, dann war damit eine Grundsatzentscheidung gefallen: Der Mensch konnte sich grenzenlos frei entscheiden. Sogar gegen seinen Schöpfer selbst. Das war für Adam das höchste der Gefühle. Da konnte ihm das ganze liebliche Paradies gestohlen bleiben. Vielleicht hatte sogar der im vierten Jahrhundert lebende Bischof Gregor von Nyssa Recht mit seiner Andeutung, dass Adam dieses Leben im Paradies, so schön und vollkommen es gewesen sei, nicht mehr ausgehalten habe. Und dass ihm das Angebot mit dem Apfel gerade recht gekommen sei, um seiner Existenz eine entscheidende Wende zu geben – hin zu mehr Anstrengung und Plage, aber auch zu mehr Abenteuer und Selbstbestätigung, zu mehr Entscheidung und Freiheit. Wollte er tatsächlich, wie es Stephen Greenblatt in seinem Buch „Die Geschichte von Adam und Eva" beschreibt, „dem Hymnus auf menschliche Selbstverantwortung" frönen und dieses sorglose, aber völlig vorgezeichnete Leben im Paradies loswerden?

Karl-Josef Kuschel machte die Vertreibung aus dem Paradies an dieser Entscheidung fest. „Was dem Menschen widerfährt, ist nicht Schicksal, sondern Folge von Entscheidung. Dass der Mensch künftig als ein aus dem Paradies Vertriebener lebt, ist nicht ein dunkles Faktum, sondern Ergebnis seines Handelns, genauer: seines Versagens." Beim Menschen stehe nach der Erzählung der Bibel immer beides nebeneinander: Segen Gottes und die Sucht, sein zu wollen wie Gott, paradiesische Unschuld und erbärmliches Versagen, geschenkte Lebensfreude und Verurteilung zu Mühsal, Schmerz und Schweiß, zum Wissen um die eigene Sterblichkeit. Trotzdem sollte sich das Christentum bis in alle Zeiten mit dieser Frage schwertun, wie weit Gott als Erst- und Letztursache der gesamten Schöpfung auch das Scheitern des Menschen verursacht habe – zumindest im Sinne eines kalkulierten Risikos, dass der Mensch durch die Freiheit, die ihm gegeben war, die erste, die gute, die paradiesische Schöpfung zum Scheitern bringen konnte.

Diese Frage ist im Frühjahr 2018 mit der Debatte um ein Gebet aufgepoppt, das jeder Christenmensch mit der Muttermilch eingesogen hat: das Vaterunser, in dem es heißt „Und führe uns nicht in Versuchung". In einem Fernsehinterview bemängelte Papst Franziskus die seiner Ansicht nach schlechte deutsche Übersetzung. Es sei nicht Gott, der den Menschen in Versuchung stürze, um zu sehen, wie er falle. Denn, so der Papst: „Ein Vater tut so etwas nicht; ein Vater hilft sofort wieder aufzustehen. Wer dich in Versuchung führt, ist Satan." Nicht Gott sei es, „der mich in Versuchung geraten lässt", sondern „ich selbst bin es, der fällt". In Frankreich haben die Bischöfe aus diesem Grund beschlossen, die offizielle Übersetzung des Vaterunsers zu ändern. Die Bitte lautet nun „Lasst uns nicht in Versuchung geraten". Eine Übersetzung übrigens, die dem Argentinier

Jorge Mario Bergoglio aus dem spanischen Wortlaut des Vaterunsers wohl bekannt ist.

Für Adam war die theologisch hoch brisante Frage, wie er in die Versuchung geraten war, nur eine akademische. Was zählte, waren die Fakten, und die waren eindeutig: Er hat von der verbotenen Frucht der Erkenntnis gegessen. Das war ihm auch voll bewusst. Nicht umsonst hat er versucht, sich vor Gott zu verstecken. Für das Christentum ist damit klar: Die Sünde ist nicht durch Gott in die Welt gekommen, der seine Schöpfung für gut befunden hatte. Es war der Mensch selbst, der gesündigt hat und von Generation zu Generation weiter sündigt. Die biblische Erzählung vom sogenannten Sündenfall ist der Versuch, das zu erklären, was wir tagtäglich erleben: Dass mit dieser Welt ganz offensichtlich etwas nicht in Ordnung ist. Aus dieser Erfahrung wird wie aus einer Wirkung auf die Ursache geschlossen. Die Logik dabei lautet, dass der gute Gott nicht eine böse Welt hat erschaffen können. Damit stellt sich die Frage, woher das Böse gekommen ist. Die Antwort ist eindeutig: Durch den Menschen selbst. Durch Adam, wen sonst?

EVA

Eine Frau hadert mit ihrer Rolle

Nach den Worten der Genesis hat die Schlange, die schlauer als alle Tiere des Feldes war, Eva dazu verführt, von dem verbotenen Baum der Erkenntnis zu essen. Eva gab auch ihrem Mann, der bei ihr war, und auch er aß. Beides, dass Adam mitgegessen hat und dass die Schlange die Anstifterin war, hat Eva nicht geholfen. Sie ist als „die Verführerin" in die patriarchale Geschichte der Schriftreligionen eingegangen. (Gen 3,1-24)

Besonders schäbig fand Eva jene späteren Darstellungen der biblischen Erzählung vom sogenannten Sündenfall, in denen die Schlange ein Menschengesicht trägt. Ihr Gesicht, um genau zu sein. „Eva, die Schlange", das war Verführung pur, das war der Mythos, der im Patriarchat fröhliche Urständ feiern sollte. Dass sie die Verführerin war, sozusagen in Personalunion mit der Schlange, das hat den Herren der Schöpfung richtig gut in den Kram gepasst. Daraus ließ sich ihre Zweitrangigkeit in der Hierarchie der Menschengeschlechter ebenso gut ableiten wie aus der anderen Szene, in der Gott sie aus einer Rippe Adams erschaffen hat.

Eva haderte allerdings weniger mit diesen Geschichten selbst als mit ihrer scheinbar so eindeutigen Interpretation und deren Folgen. Die Wirkungsgeschichte war es, die alles so schlimm machte, die alles gegen sie verdrehte. Denn selbstverständlich konnte man sagen, sie sei als Produkt aus der Rippe des Mannes die Zweite gewesen. Man hätte diesem Mythos aber genauso gut eine frauenfreundliche Deutung geben können: Sie ist aus demselben Material erschaffen worden wie der Mann. Gleiche Rippe, gleiche Knochen, gleiches Fleisch, gleiches Bewusstsein, gleiche Intelligenz. Aber das patriarchale Weltbild der drei abrahamitischen Religionen Judentum, Christentum und Islam hat diese frauenfreundliche Interpretation hintertrieben. Denn obwohl sie die Erzählungen vom Paradies unterschiedlich deuteten, waren sie sich bei der zweitrangigen Rolle der Frau sehr einig. Da die drei Religionen in ganz ähnlichen patriarchalen Verhältnissen entstanden und groß geworden sind, war das kein Wunder. Aber im Geist der Bibel war es nicht.

Von den biblischen Texten her wäre es auch anders gegangen. Nicht einmal die Szene mit dem Apfel musste zwangsläufig gegen die Frau ausgelegt werden. Denn zum einen hätte Adam einfach ein Mann sein und ein klares Nein sagen können. Schließlich hat sie ihm nur eine Information gegeben: „Du, Adam, die Schlange hat gesagt, wenn wir von diesem Baum essen, dann werden wir sein wie Gott." So ganz hatte sie das selbst nicht geglaubt. Wollte die Schlange sie nur mit einer List herumkriegen? Eva wäre für eine Widerrede dankbar gewesen, denn sie war sich völlig unsicher, was sie davon halten sollte und wie das Ganze ausgehen würde. Sie hatte ein flaues Gefühl im Magen. Es konnte gut möglich sein, dass sie als Heldin aus dieser Geschichte hervorging, die den Menschen das Wissen brachte, die Erkenntnis, die Gott ihnen vorenthalten habe. So jedenfalls erzählte es Adam seinem Sohn Set in der „Apokalypse des Adam": Eva habe ihn „ein Wort der Erkenntnis des ewigen Gottes" gelehrt. Aber genauso gut – oder schlecht – konnte sich diese Geschichte gegen sie und Adam wenden, wie es Gott angedroht hatte: „Sobald ihr davon esst, werdet ihr sterben."

Eva hätte sich dringend eine Diskussion gewünscht über diese paradiesische Gretchenfrage: Sollen wir oder sollen wir nicht? Aber es bestätigte sich wieder einmal, was sie immer schon an ihrem Partner bemängelt hatte: Dass er irgendwie ein Träumer war, dass er unbedarft und unbedacht in den Tag hineinlebte und, wenn man das so sagen will, den lieben Gott einen guten Mann sein ließ. Was Eva schon lange fehlte, war eine ernsthafte Auseinandersetzung mit ihrem Dasein: Wozu waren wir auf der Welt, wie sollte das alles weitergehen, und sollte dieses paradiesische, aber im Großen und Ganzen auch ereignislose Leben alles gewesen sein? „Tatsächlich hatte unser paradiesisches Leben ein wenig den Anstrich des wunschlosen Unglücks", sagt Eva. „Gewiss, wir mussten uns um nichts kümmern. Aber andererseits fehlten uns viele menschliche Erfahrungen. Wir hatten zum Beispiel keinen Sex. Bei aller Härte des Lebens, die uns blühte, nachdem wir das Apfelverbot übertreten hatten: Heute möchte ich nicht mehr auf dieses prickelnde Erlebnis verzichten, auf diese Höhepunkte menschlicher Lusterfahrung, die durch und durch geht, von Haut zu Haut, von Seele zu Seele. Und ich lasse es uns Frauen auch nicht als reines Mittel der Fortpflanzung vermiesen. So fragwürdig es sein mag, jeden Tag eine Pille zu schlucken – die Anti-Baby-Pille, die 1960 auf den Markt kam, hat uns Frauen bei aller damit verbundenen chemischen Belastung unseres Körpers viel Freiheit gebracht."

Dass ausgerechnet ein Mann, der damalige Papst Paul VI., damit seine liebe Not hatte, passte haarscharf ins Bild: Die Männerwelt hatte Angst vor der fortschreitenden Frauenemanzipation. Woher plötzlich diese Aufmüpfigkeit und dieser Drang zur Selbstständigkeit? Es hatte doch alles so prächtig funktioniert. Er machte Karriere und brachte das Geld heim. Sie widmete deutlich mehr Zeit den

Kindern und der unbedankten Hausarbeit. Plötzlich funktionierte das alles nicht mehr, nur weil die Frauen auf die Barrikaden stiegen und langsam, dank größerer wirtschaftlicher Unabhängigkeit, um eine Alternative nicht verlegen waren. Eva konnte das nur zu gut verstehen. Denn so paradiesisch, wie man später meinen sollte, ist auch ihr eigenes Leben nicht gewesen. Sie war gut versorgt, das ja. Aber Selbstständigkeit, Eigenverantwortung, Freiheit? Null. Dazu kam die üble Nachrede, die sie im Christentum bekommen sollte und die in der feigen Ausrede ihres Herrn Gatten ihren Ursprung hatte. Der wusste auf die Frage Gottes, warum er von der verbotenen Frucht gegessen hatte, nichts Besseres zu sagen als: *Die Frau, die du mir beigesellt hast, sie hat mir von dem Baum gegeben. So habe ich gegessen.* (Gen 3,12) Da half es auch nichts, dass Eva selbst den sauren Apfel der Schuld an die Schlange weiterreichte. Das Tier konnte man diese Schuld kaum spüren lassen, die Frau sehr wohl.

Dabei hatte alles so gut angefangen. Gott selbst wollte dem Adam Gutes tun und sprach: *Es ist nicht gut, dass der Mensch allein ist. Ich will ihm eine Hilfe machen, die ihm ebenbürtig ist.* (Gen 2,18) Adam hat das Ergebnis sogar selbst als höchst zufriedenstellend gelobt: *Das endlich ist Bein von meinem Bein, und Fleisch von meinem Fleisch. Frau soll sie genannt werden, denn vom Mann ist sie genommen.* (Gen 2,23)

Aber als es darauf angekommen wäre, ist er nicht hergestanden, der Kerl. Anstatt einfach zu sagen: „Sorry, lieber Gott, das war ein schwerer Fehler, aber vielleicht lässt du noch ein einziges Mal Gnade vor Recht ergehen", hat er sich hin und her gewunden.

Sollte die Idee Gottes, dem Adam „eine Hilfe zu machen", tatsächlich so einseitig gedacht sein, wie es in der Bibel klingt? Dass die Frau dem Mann eine Hilfe sein sollte, umgekehrt aber nicht? „Das kann nicht sein", dachte Eva. Sie konnte sich den Plan Gottes nur so vorstellen, dass sie einander beide eine Hilfe sein sollten, Adam für sie und sie für ihn. Aber offenbar hatte er von Anfang an leichte Fluchttendenzen in sich. Mark Twain hat das in seinem „Tagebuch von Adam und Eva" so treffend zum Ausdruck gebracht, indem er Adam sinnieren lässt: „Letzten Dienstag bin ich geflüchtet, zwei Tage gelaufen und habe mir an einem versteckten Ort eine neue Hütte gebaut und meine Spuren verwischt, so gut es ging. Aber sie hat mich aufgespürt, mit Hilfe eines wilden Tiers, das sie gezähmt hat und einen Wolf nennt, und sie kam und machte wieder dieses mitleiderregende Geräusch und vergoss dieses Wasser aus den Stellen, aus denen sie schaut. Ich war gezwungen, mit ihr zurückzugehen, werde aber augenblicklich wieder verschwinden, sobald sich eine Gelegenheit bietet."

Eva war freilich noch nicht so weit, dass sie ihrem Adam aus seiner Flüchtigkeit einen Strick gedreht hätte. Das mit der Emanzipation sollte noch lange auf sich warten lassen. Zu abhängig von ihren Männern sollten sie und ihre Geschlechtsgenossinnen über Jahrtausende sein. Für Eva war fortgehen keine Option. Was hätte sie auch mutterseelenallein tun sollen, aus dem Paradies vertrieben?! Dass sie ihre Kinder unter Schmerzen gebären sollte, war Strafe genug. Sie wollte nicht auch noch ihren Mann verlieren. Noch nicht, jedenfalls. Aber dass er sie immer als die Schuldige hinstellte, das nervte nicht nur, das war emotional betrachtet eine große Gemeinheit und sachlich eine Verdrehung der Tatsachen. Denn nicht nur der Gott der Bibel hatte sie ihm mit besten Absichten zur Seite gestellt. Schon 800 Jahre vorher, auf Tontafeln in der semitischen Sprache Ugaritisch, war sie keineswegs die Böse, sondern eher die Retterin. Nach diesem in Keilschrift aufgeschriebenen Text musste Adam mit einem bösen Gott kämpfen, der den Baum des Lebens vergiftete und ihm die Unsterblichkeit stahl. Die Sonnengöttin war es dann, die Adam durch die Erschaffung der Eva, einer „guten Frau", getröstet hat. Und Eva war es, die dem Adam in seinen Nachkommen, die sie gebar, eine andere Art von Unsterblichkeit schenkte.

Eva war nicht die Spur narzisstisch. Aber sie wusste, was Adam an ihr hatte. Fehlte nur noch zu ihrem Glück, dass er das auch irgendwann kapierte. Mit Herz und Verstand.

KAIN

Das Drama der Geschwisterliebe

Die Erzählung der Genesis von Kain und Abel ist als der erste Brudermord in die Geschichte eingegangen. Kain, der Erstgeborene und Ackerbauer, und Abel, der jüngere Bruder und Schafhirt, haben ihrem Gott Jahwe ein Opfer dargebracht. Der Herr schaute auf Abel und sein Opfer, aber auf Kain und sein Opfer schaute er nicht. Diese Zurücksetzung durch Jahwe kann Kain nicht ertragen – und erschlägt im aufwallenden Zorn gegen Jahwe seinen Bruder Abel. (Gen 4,1–16)

Kain hatte das nicht gewollt. Es war eine Katastrophe, für ihn selbst, für seine Familie, für die Nachkommen. Ein Brudermörder, das war nicht das Attribut, das Kain sich gewünscht hat. Nun war es passiert. Er konnte nicht mehr ungeschehen machen, dass er als derjenige in die Geschichte eingehen sollte, der seinen unschuldigen, gottgefälligen Bruder Abel ermordet hat. Wie es dazu gekommen ist, konnte Kain selbst nicht mehr nachvollziehen, geschweige denn verstehen. Das Einzige, was sich in sein Hirn eingebrannt hat, war diese ungeheure Provokation. Demonstrativ hatte Jahwe das Opfer von Abel wohlwollend in den Himmel aufsteigen lassen. Und das seine verschmäht. Diese Zurückweisung hat Kain in die abgrundtiefe Verzweiflung getrieben. Eine ungeheure Wut stieg in ihm auf. Eine Wut, die sich gegen sein eigenes Schicksal richtete und gegen Jahwe – und keineswegs gegen seinen Bruder.

„Freilich ist mein Leben mit Abel nicht immer Jubel, Trubel, Heiterkeit gewesen", sagt Kain. „Oft habe ich als älterer meine liebe Not gehabt, weil ich für meinen jüngeren Bruder mehr Verantwortung übernehmen musste, als man von mir verlangen konnte. Aber nie habe ich das Abel zum Vorwurf gemacht. Ich habe mich höchstens gefragt, ob es von meinen Eltern ganz gerecht war. Manchmal schaute ich neidisch auf Abel, wenn ich das Gefühl hatte, dass unsere Mutter ein wenig einen Narren an ihm gefressen hatte. Aber das war eben mein Gefühl. Den objektiven Wahrheitsbeweis hätte ich nie antreten können oder auch nur wollen. Denn im Grunde konnte ich mich nicht beklagen. Ich durfte immer tun, was mir zustand. Niemand hat mir verboten, meinen altersgemäßen Interessen nachzugehen. Manchmal zeigten meine Eltern sogar einen ehrlichen Stolz darüber, was ich schon alles konnte. Objektiv konnte man daher nur feststellen, dass ich jahrelang die exklusive Zuneigung von Mama und Papa genossen hatte. Ich hatte mich daran gewöhnt, dass all ihr Wohlwollen mir gegolten hat, dem einzigen Sohn. Wem sonst? Als dann mein Bruder auf die Welt gekommen ist, musste ich diese exklusive Liebe der Eltern plötzlich teilen. Ich wurde von meinem kleinen Erstgeborenen-Thron gestürzt, den ich in vollen Zügen genossen hatte. Ab sofort war ich, der Erste und bis dahin Einzige, einer von zweien. Da halfen keine noch so augenscheinlichen Erweise meines Intellekts, meiner Auffassungsgabe, meines Fleißes oder meines Eifers. Mit meiner Exklusivität als Sohn war es vorbei."

„Im Kopf konnte ich das absolut verstehen", sagt Kain. „Wie sollte es anders sein. Naturgemäß teilte sich die Liebe der Eltern jetzt auf zwei auf. Rational betrachtet war es das Natürlichste auf der Welt, einen Bruder oder eine Schwester zu bekommen oder auch mehrere davon. Es hatte sogar seinen Reiz, wie ich am Schicksal von Einzelkindern gesehen habe. Allein, dass sie als Kind keinen Bruder oder keine Schwester zum Streiten hatten, musste ihnen sehr fehlen. Pädagogen sollten später sogar betonen, dass Streiten für die Entwicklung eines Kindes sehr notwendig sei. Auf diese Weise würden Kinder ihr Ich finden und sich ihrer eigenen Ansprüche und ihrer Persönlichkeit bewusst werden. Ich habe im Nachhinein überhaupt nicht den Eindruck, dass das häufige Streiten von Abel und mir unsere Beziehung belastet hätte. Für uns beide gehörte dieses Kräftemessen zur Alltagsunterhaltung und zum gesunden Aufwachsen. Jeder musste seinen Platz erobern und verteidigen. Dass das unseren Eltern manchmal zu viel geworden ist, kann ich verstehen. Ich habe noch gut im Ohr, wie sie am Ende der Ferien oft geseufzt haben: Es wird höchste Zeit, dass ihr zwei Streithanseln wieder in die Schule gehen müsst."

Freilich, emotional sei er eine Zeit lang schwer mit der neuen Situation als älterer Bruder statt als gehätscheltes Einzelkind zurechtgekommen, erinnert sich Kain. „Zumal alles für mich so gut angefangen hatte. Voller Freude hatte meine Mutter Eva bei der Geburt verkündet: *Ich habe einen Mann vom Herrn erworben.* (Gen 4,1) Da war der Stolz auf den männlichen Erstgeborenen noch ganz urtümlich da. So wie ihn Mütter und Väter noch in Tausenden Generationen empfinden sollten: ‚Ein Bub!' – auch wenn sie das später nicht mehr ganz so laut sagten, weil es mit der Emanzipation der Frau in Konflikt geraten ist und mit der Gleichwertigkeit und Gleichbehandlung der Geschwister." Systemische Familientherapeuten haben sich aber intensiv mit der Dynamik auseinandergesetzt, die sich in manchen Familien zwischen den Eltern und den Geschwistern und in der Folge zwischen den Geschwistern selbst abspielt. Die Eltern sind zutiefst überzeugt, ihre Kinder in gleicher Weise zu lieben. De facto aber erleben die Kinder ihren jeweiligen Anteil an dieser Zuwendung unterschiedlich. Die Bibel scheint ein ausgesprochenes Faible für solche Geschwisterkonflikte zu haben. Man denke nur an das Gleichnis vom verlorenen Sohn, oder besser: das Gleichnis vom barmherzigen Vater. Der Ältere hat Tag für Tag gehorsam seinen Eltern gedient. Der Jüngere dagegen brachte sein ganzes Erbteil bei Saufgelagen und Orgien durch. Als er schließlich in der Gosse landete und notgedrungen wieder heim fand, ließ der Vater ein Fest für ihn ausrichten. Hatte der Vater beide Söhne in gleicher Weise lieb? „Nein", sagte der ältere Sohn, der sich zurückgesetzt und ungerecht behandelt fühlte. „Ja, gewiss doch", sagte der Vater, und nahm seinen Älteren liebevoll in die Arme. So wie er es immer getan hat in all den Jahren, in denen der Jüngere diese Geborgenheit beim Vater nicht erfahren konnte, weil er nicht daheim war.

„Gefühlt, rein subjektiv, habe ich immer wieder einmal solche Kränkungen erlebt, größere und kleinere, seit mein jüngerer Bruder auf der Welt war", sagt Kain, „auch wenn das gewiss keine böse Absicht meiner Eltern war und sie das sicher anders gesehen haben. Es ist bei uns eben nicht anders zugegangen als in anderen Familien: Es hat sehr gemenschelt. Damit konnte und musste ich leben. Dass nun jedoch von Gott selbst eine derart harte und unverständliche Zurückweisung kam, hat bei mir das Fass zum Überlaufen gebracht und mich ausrasten lassen. Das konnte einfach nicht wahr sein, dass Jahwe selbst den Abel bevorzugte. Da konnte ich nicht mehr an mir halten und bin auf Abel losgegangen. Nicht in mörderischer Absicht, auf keinen Fall. Die Anklage hätte höchstens auf Körperverletzung mit Todesfolge lauten können. Noch dazu im Affekt. Denn ich war mir im nüchternen Zustand voll bewusst, dass Abel an meiner Schmach ganz und gar unschuldig war. Aber das drang in diesem Moment der Demütigung nicht in mein Bewusstsein. Es war völlig in meinem Gehirn ausgeblendet, dass ich absolut nichts gegen meinen Bruder hatte. Im Gegenteil. Ohne Abel wäre das Leben halb so spannend gewesen. Wie eine Schallplatte, die nur auf einer Seite Rillen hat und auf der anderen leer ist."

„Oft und oft habe ich mich darüber gefreut, dass der Jüngere ein so fröhliches Gemüt mitbekommen hatte", betont Kain. „Wenn ich in den Spiegel schaute und lächelte, dann schaute mich in diesem Spiegelbild mein Bruder Abel an – immer mit einem leicht verschmitzten Lächeln um die Mundwinkel, und immer mit diesem Optimismus: Wäre ja gelacht, wenn wir der Welt nicht ein Loch schlagen! Zudem hatte ich gemerkt, dass der Jüngere zu sein auch nicht immer ein Honiglecken war. Ständig musste sich Abel das Vorbild des großen Bruders vorhalten lassen. Das war wohl ziemlich nervig, und ungerecht war es in jedem Fall, denn jeder Mensch ist nun einmal anders. Außerdem hat Abel bis in seine Jugendjahre hinein kaum einmal etwas Neues zum Anziehen bekommen. Immer musste er meine alten Jacken und Hosen abtragen. Mode hin oder her. Schließlich war das Zeug schon da, und kaputt war es nicht, wenn auch nicht annähernd neu."

Kain und Abel, ein Missverständnis der Liebe. So hat der israelische Dichter Jehuda Amichai in seinem letzten Gedichtband die Problematik der Erzählung von Kain und Abel beschrieben. Kain habe seinen Bruder nur innig umarmen wollen – und ihn dabei erwürgt. Beide haben es nicht verstanden. Denn der Gegenspieler Kains war nicht Abel, sondern Gott. Von Anfang bis zum Ende der Geschichte ist dieser präsent. Gott ist es, der das Opfer Kains verschmäht. Gott ist es, mit dem Kain deshalb hadert. Das Verhängnis war nur, dass sich der Zorn, von dem Kain wie von einer Urmacht ergriffen wurde, gegen seinen Bruder wandte. Stellvertretend gleichsam, weil Kain dem ersten Adressaten seines Zorns nichts anhaben konnte. Der Brudermord ist eine fast beiläufige unerwünschte Nebenwirkung des Konflikts, den Kain mit Gott austrägt. Ein Kollateralschaden, den keiner gewollt hat. Kain am allerwenigsten.

„Das hat auch Jahwe so gesehen", sagt Kain, „dass ich nichts gegen meinen Bruder gehabt habe. Daher hat er Gnade vor Recht ergehen lassen und mir das ‚Kainsmal' aufgeprägt. Es hatte keinen anderen Zweck, als mich vor der Lynchjustiz des Pöbels zu schützen, der in mir nur den Brudermörder sah. Dass die Strafe dennoch auf dem Fuß folgte, hatte ich mir wohl selbst zuzuschreiben. In meiner Verlegenheit und meinem anwachsenden Schuldgefühl ist mir auf die Frage Jahwes, wo mein Bruder Abel sei, nichts Besseres eingefallen, als mich unwissend zu stellen. Mit dem dummen Satz, der zum geflügelten Wort werden solle: *Bin ich der Hüter meines Bruders?* (Gen 4,9b) Das war echt feige von mir. Das kann ich mir bis heute nicht verzeihen. So gesehen, war das Strafgericht, das mich traf, sehr hart, aber nicht ungerecht, wie es richtig in der Bibel heißt: *Zu groß ist meine Schuld, als dass ich sie tragen könnte. Du hast mich heute vom Erdboden vertrieben und ich muss mich vor deinem Angesicht verbergen; rastlos und ruhelos werde ich auf der Erde sein und jeder, der mich findet, wird mich töten.* (Gen 4,13–14)"

„Den späteren theologischen Gedankengebäuden, dass es in meinem Konflikt mit Abel um die Auseinandersetzung zwischen mir als Ackerbauern und Abel als Hirten gegangen sei, konnte ich nicht viel abgewinnen", sagt Kain. „Freilich, fallweise verlief diese Entwicklung tragisch. Ackerbauern brauchten Land. Das konnte man nur gewinnen, indem man die Nomaden vertrieb. Aber das war der natürliche

Lauf der Dinge. Wie sollten Nomaden mit Schafherden auf Dauer die wachsende Menschheit ernähren! Das war eine Illusion. Intensive Landwirtschaft war das Gebot der Stunde. Man musste das ja nicht so maßlos übertreiben, wie es im 21. Jahrhundert die Agroindustrie mit ihren versiegelten und mit Glyphosat niedergespritzten Böden tat. Auch die neutestamentlichen Schriftsteller und die jüdischen Gelehrten machten es sich mit meinem Schicksal zu leicht. So haben der Hebräerbrief (11,4) und der Erste Johannesbrief (3,12) Abel zum Vorbild des Gläubigen und Gerechten gemacht, mich dagegen als den Bösen gebrandmarkt. Dieses Denken hat die frühchristlichen und jüdischen Schriften auf Jahrhunderte geprägt. Das war verhängnisvoll und gewiss nicht gottgewollt."

Noch mehr Kopfzerbrechen machte Kain, wie das „Kainsmal" pervertiert und gegen das Volk der Juden gewendet wurde. Nach der Zerstörung des Tempels in Jerusalem im Jahr 70 n. Chr. wurden die Juden in die ganze Welt zerstreut – ruhelos und rastlos, wie Kain. Das Vierte Laterankonzil (1215) hat Juden einer spezifischen Kleiderordnung unterworfen – eine perverse Verdrehung des Kainsmals und die folgenreichste Entscheidung des Konzils zur Diskriminierung der Juden. Denn Kain selbst hatte dieses Zeichen zum Schutz gedient. Den Juden dagegen sollte ihre Kennzeichnung zum Verhängnis werden. Diese führte mit dem „Judenstern" direkt in die Tragödie des Holocaust. „Böser Wille kann alles zum Bösen wenden", dachte Kain und war am Ende froh darüber, dass ihm selbst unter dem Schutz seines gottgegebenen Kainsmals niemand nach dem Leben trachtete.

„Den Bruder zu verlieren, war Strafe genug für mich", sagt Kain. „Mein Leben war seither nur mehr die eine Seite der Schallplatte. Die andere fehlte. Unersetzlich."

MARIA MAGDALENA
So schwierig kann Liebe sein

Die Gestalt der Maria von Magdala hat die Fantasie von Romanschreibern entfacht, bis hin zu der Behauptung, sie sei mit Jesus verheiratet gewesen. Wie nahe war die Beziehung zu ihrem Rabbuni tatsächlich? Nach dem Bericht des Johannesevangeliums ist sie die Erste aus dem Kreis der Jüngerinnen und Jünger, die das Grab Jesu aufgesucht hat. Es kommt zu einer Begegnung mit dem Auferstandenen, den sie erst erkennt, als er sie mit ihrem Namen anspricht: „Maria!" (Joh 20,1–18)

„Am besten", so denkt Maria Magdalena, „haben es Andrew Lloyd Webber und Tim Rice erfasst. Sie haben mir diesen wunderbaren Satz in den Mund gelegt, der meine widersprüchlichen Gefühle so klar zum Ausdruck brachte: ‚I don't know how to love him. Ich weiß einfach nicht, wie ich ihn lieben könnte.' Schließlich war auch dieser Jesus nur ein Mann. Und Männer hatte ich nun wirklich viele und auf vielerlei Weise gehabt. Kaum einmal, dass einer mich in Verlegenheit bringen konnte. Aber bei diesem Galiläer, dem die einen zujubelten und den die anderen lieber heute als morgen wollten hängen sehen, war ich mit meinem Latein am Ende. Ich merkte sehr wohl, dass meine Weiblichkeit ihn nicht ganz kalt ließ. Sogar die Theologen sagten ja, dass er ‚ganz Mensch' war. Aber gleichzeitig blieb er immer irgendwie fremd und fern. Unnahbar und unantastbar. Dass wir uns geküsst haben sollen, blieb den apokryphen Schriften vorbehalten. Diese Texte wurden völlig zurecht nicht in den Kanon der Heiligen Schrift aufgenommen. Genauso daneben lagen freilich jene, die unser Verhältnis nur rein platonisch sehen wollten. Als ob Jesus und ich nicht Menschen aus Fleisch und Blut gewesen wären."

Über Jahrtausende hinweg sind die Spekulationen nicht abgerissen, dass Maria Magdalena die Geliebte von Jesus gewesen sei. Dem äußeren Anschein nach war das nicht ganz abwegig. Sie gehörte zum engsten Kreis dieses Rabbi. Wenn es hieß, Johannes sei sein Lieblingsjünger, dann hätte man durchaus auf die Idee kommen können, dass sie die Lieblingsjüngerin war. Das hätte wieder trefflich in dieses Bild gepasst, das die Kirchenmänner seit Eva von der Frau hatten: die Verführerin, die die Sünde in die Welt brachte. Maria Magdalena, die nicht davor zurückschreckt, den „Sohn Gottes" mit ihren weiblichen Reizen zu umgarnen. Da waren den Männerfantasien keine Grenzen gesetzt. Auch dass sie die Ehefrau von Jesus gewesen sei, konnte nur einem männlichen Gehirn entspringen. Offenbar hatte Dan Brown eine Schlüsselfigur für seinen Roman „Da Vinci Code" benötigt und das getan, was viele mit Maria von Magdala getan haben: ihr wahrlich nicht leichtes Leben nach Belieben auszuschlachten und für ihre Zwecke zu missbrauchen. Dan Brown verstieg sich sogar zu der abwegigen Behauptung, dass auf dem berühmten Abendmahlsgemälde von Leonardo da Vinci in der Mitte nicht Johannes, der Lieblingsjünger, sondern Maria dargestellt sei.

„Nein, so viel Gleichberechtigung war zu unserer Zeit nicht einmal für Jesus möglich", sagt Maria. „Die zwölf Apostel waren als Sinnbild der zwölf Stämme Israels zwölf Männer. Das hätte aber nicht heißen müssen, dass die Kirche das zwei Jahrtausende lang gegen die Frauen ausspielt. Denn immerhin habe ich als erste Zeugin der Auferstehung eine führende Rolle in der jungen Gemeinde gehabt. Bis in das 5. Jahrhundert galt ich sogar als ,Apostelin'. Dann bekam das andere Bild die Oberhand, das von der Sünderin. Es passte besser in eine Kirche, die von Frauen nicht viel wissen wollte." Die Theologin Dorothee Sölle hat das ganz richtig erkannt, als sie schrieb: „Die ursprünglich frauenfreundliche, egalitäre Kirche der Gleichen ist schließlich bald einer auftauchenden Männerangst zum Opfer gefallen."

Erst Thomas von Aquin hat diese Fehlentwicklung im 13. Jahrhundert korrigiert und Maria neuerlich als „Apostelin der Apostel" bezeichnet. Aber es sollte bis zum Jahr 2016 dauern, bis ihr Gedenktag am 22. Juli liturgisch als „Fest" eingestuft wurde. In der liturgischen Sprache war das ein spätes, aber deutliches Signal für die Aufwertung der Frau in der katholischen Kirche. Jetzt war die „Apostelin" tatsächlich den Aposteln gleichgestellt. „Das war eine kräftige Erinnerung an den Anfang, die der Kirche schon lange notgetan hätte", sagt Maria. Zu viel war im Laufe der Jahrhunderte durch die vorherrschenden gesellschaftlichen Verhältnisse von jenem Impuls ihres Jesus verloren gegangen, der klar auf die Gleichberechtigung von Mann und Frau gezielt hatte.

„Lest eure Bibel wieder einmal genau und unvoreingenommen", hätte Maria der Kirche am liebsten ins Stammbuch geschrieben. „Lasst den ganzen Ballast der Tradition einmal hinter euch und versucht neu zu verstehen, was Jesus gemeint hat. Dann hätte jeder, der nur wollte, sehen können, dass die Sache zwischen Jesus und mir eben nicht so banal war, wie mancher sich das in seiner kruden Fantasie lustvoll ausmalte. Man musste nur beim Evangelisten Johannes nachlesen, wie er die Szene beschreibt, in der ich als Erste das Grab aufgesucht habe: *Am ersten Tag der Woche kam Maria von Magdala frühmorgens, als es noch dunkel war, zum Grab und sah, dass der Stein vom Grab weggenommen war. Da lief sie schnell zu Simon Petrus und dem anderen Jünger, den Jesus liebte, und sagte zu ihnen: Sie haben den Herrn aus dem Grab weggenommen und wir wissen nicht, wohin sie ihn gelegt haben.* (Joh 20,1–2) Während Petrus und die anderen offenbar nicht wussten, was sie von der Sache halten sollten, blieb ich beim Grab – und tat das Einzige, was ein paar Tage nach dem gewaltsamen Tod dieses Menschen angebracht war: Ich weinte. Mitten in mein Trauern hinein geschah dann, was ich nie mehr vergessen sollte. Wiederum hat es der Evangelist Johannes aufgeschrieben: *Sie wandte sich um und sah Jesus dastehen, wusste aber nicht, dass es Jesus war. Jesus sagte zu ihr: Frau, warum weinst du? Wen suchst du? Sie meinte, es sei der Gärtner, und sagte zu ihm: Herr, wenn du ihn weggebracht hast, sag mir, wohin du ihn gelegt hast! Dann will ich ihn holen. Jesus sagte zu ihr: Maria! Da wandte sie sich ihm zu und sagte auf Hebräisch zu ihm: Rabbuni!, das heißt: Meister.* (vgl. Joh 20,14–16)"

Völlig unvermittelt, wie aus heiterem Himmel, war es plötzlich wieder da, dieses eine Wort, das sie so oft von Jesus gehört hatte. In dem liebevoll zärtlichen Ton, in dem nur er es sagen konnte: Maria! „Aber noch bevor ich das fassen konnte", sagt Maria, „spürte ich auch schon wieder die zweite Seite dieses Jesus, die mich so oft an den Rand des Wahnsinns getrieben hat. Er sagte ‚Noli me tangere – halte mich nicht fest!' Er war eben doch nicht ganz von dieser Welt. Jesus lebte noch in einer anderen Sphäre, die mir nicht zugänglich war. Bestenfalls habe ich, je länger ich mit dem Rabbuni unterwegs gewesen bin, eine leise Ahnung davon bekommen. Davon zum Beispiel, dass es eine Liebe geben könnte, die den geliebten Menschen mit seinem ganzen Wesen zu erfassen trachtete und sich doch jeder unmittelbaren Nähe entzog. Genau so muss es zwischen Jesus und mir gewesen sein." Maria konnte verstehen, dass das für die Nachwelt nur schwer nachvollziehbar war. In dieser Welt war kein Platz für Zwischentöne, für das Leise und die Zartheit solcher Gefühle. Ein Marktschreier konnte eine Beziehungsgeschichte nicht in allen ihren feinen Nuancen erzählen. Später einmal sollte zwar ein amerikanischer Präsident die Welt auf Twitter mit nur 280 Zeichen regieren. Aber glücklich geworden sind die Menschen damit nicht. Das Leben passt nicht in eine Schlagzeile oder in eine Twitter-Meldung.

Also haben sich aus vielerlei Missverständnissen sehr widersprüchliche Geschichten um Maria von Magdala gerankt. Dazu kam, dass Maria damals ein sehr häufiger Name war. Allein im Neuen Testament gab es ein halbes Dutzend Frauen mit diesem Namen. Daher ist das Leben von Maria Magdalena im Laufe der Jahrhunderte mit manch anderer Gestalt verschmolzen, etwa der Schwester des Lazarus, was noch harmlos war. Schon mehr hing ihr an, dass Papst Gregor I. (590–604) sie mit der im Lukasevangelium beschriebenen anonymen Sünderin gleichsetzte, die Jesus die Füße wusch. Ebenso färbte auf Maria Magdalena eine gleichnamige Frauengestalt aus Ägypten ab, auch wenn diese in der Bibel gar nicht erwähnt wurde. Es handelte sich um eine historische Persönlichkeit, die 17 Jahre lang in Alexandrien als Prostituierte gearbeitet, dann bereut und schließlich am Jordan jahrzehntelang als Büßerin gelebt haben soll. Über sie ist um 600 n. Chr. eine reich mit legendarischen Motiven angereicherte Erzählung entstanden. Im Mittelalter wurde diese Maria als Urtyp der Büßerin weithin hoch verehrt.

Mit solchen Verwechslungen, Zweideutigkeiten und Widersprüchen musste Maria Magdalena leben. Schon allein wegen der Bedeutung ihres Namens. Dieser konnte die Verbitterte heißen oder die Geliebte, das Gottesgeschenk oder die Widerspenstige. Nichts davon war Maria in ihrem Leben unbekannt geblieben. Ganz richtig erzählt das Lukasevangelium, dass Jesus sie von sieben Dämonen geheilt hat. Ihre Seele und ihr Körper waren schwer aus dem Gleichgewicht geraten. Sie war eine Ausgestoßene, eine Marginalisierte am Rande der Gesellschaft. Bis dieser Jesus in ihr Leben getreten ist. Er hatte nicht nur eine starke Ausstrahlung als Mann. Maria hatte von Anfang an gespürt, dass da noch mehr war. Sie konnte es nicht beschreiben und verstehen schon gar nicht. Aber es war heilsam, an Leib und Seele. Jesus verstand es, Menschen aufzurichten. Wer ihn hörte, konnte wieder an sich glauben. „Ich selbst habe das Wort noch nicht gekannt", sagt Maria, „aber später werden viele von Wertschätzung reden. Genau das war es, was Jesus ausstrahlte, diesen Zuspruch, du bist es wert, auf der Welt zu sein."

Diese Zusage, die sie von anderen so sehr vermisste, hat Jesus in das eine Wort gefasst: „Maria!" Er hat ihr ihren Namen wieder gegeben, der von nun an eingeschrieben war in das Buch des Lebens.

Ein Leben – ein Buch – ein Dank

Viele Stationen meines Lebens, von den Anfängen bis heute, haben zu diesem Buch geführt. Meine Eltern Josef und Elise Bruckmoser haben mich in den christlichen Glauben eingeführt. Gern denke ich an das Bild vom Schutzengel über meinem Kinderbett. Mit Rosa Maria Bruckmoser, der dieses Buch gewidmet ist, darf ich schon 44 Jahre gemeinsam durch das Leben gehen. Gemeinsam haben wir auch die Namen unserer Kinder in den adventlich-weihnachtlichen Erzählungen der Bibel gefunden: Emanuel, Elisabeth, Maria.

Univ.-Prof. Dr. Wolfgang Beilner hat Generationen von Theologiestudentinnen und -studenten an der Theologischen Fakultät der Universität Salzburg mit seiner „Fundamentalexegese" einen verlässlichen Einblick in biblisches Denken vermittelt. In den zehn Jahren als Pressereferent der Erzdiözese Salzburg habe ich die Kirche im Aufbruch nach dem Zweiten Vatikanischen Konzil erlebt. Erzbischof Dr. Karl Berg und Weihbischof Jakob Mayr waren Mentoren und Gesprächspartner.

Als Redakteur der „Salzburger Nachrichten" habe ich knapp 30 Jahre lang meine theologischen Kenntnisse in eine führende Tageszeitung Österreichs einbringen können. Herausgeber Dr. Max Dasch hat dies außergewöhnlich gefördert. Gesellschafterin Diplomkauffrau Trude Kaindl-Hönig hat zahlreiche Veranstaltungen zu religiösen Themen im SN-Saal wohlwollend begleitet.

Der Verlag Tyrolia mit Verlagsleiter Mag. Gottfried Kompatscher an der Spitze hat es möglich gemacht, dass dieses Buch erscheinen konnte. Lektorin Mag. Brunhilde Steger hat durch ihre aufmerksame Begleitung und hohe fachliche Kompetenz einen wesentlichen Beitrag geleistet.

Aktuelle weiterführende Literatur

Stephen Greenblatt: Die Geschichte von Adam und Eva. Der mächtigste Mythos der Menschheit, 458 Seiten, Siedler Verlag in der Verlagsgruppe Random House GmbH, München 2018.

Karl-Josef Kuschel: Die Bibel im Koran. Grundlagen für das religiöse Gespräch, 666 Seiten, Patmos Verlag in der Schwabenverlag AG, Ostfildern, 2. Auflage 2017.

Amos Oz: Jesus und Judas. Ein Zwischenruf, 96 Seiten, Patmos Verlag in der Schwabenverlag AG, Ostfildern 2017.

Mark Twain: Das Tagebuch von Adam und Eva, 96 Seiten, Anaconda Verlag, Köln 2011.

Lot Vekemans: Judas. Uraufführung: 2. März 2007, Theater De Toneelschuur, Haarlem, deutsche Erstaufführung: 19. Dezember 2012, Münchner Kammerspiele.

Online-Portale

Ökumenisches Heiligenlexikon: www.heiligenlexi-kon.de

Theophil-online, die ökumenische Online-Zeitschrift für ReligionspädagogInnen: www.theophil-online.de